Wechselndes Licht
oder
Das Fenster im Kasten

Wir widmen dieses Buch
den Frauen und Männern, die
in die Wände der Ideologien
und Religionen Fenster und
Türen brechen, damit in Zukunft
alle Menschen frei kommunizieren können.

Wechselndes Licht
oder
Das Fenster im Kasten

Wilhelm Bruners

Herman-Frans Andriessen

Mit Bildern von Waltraud Grießer

KlensVerlag GmbH
Verlag der Katholischen Frauengemeinschaft
Deutschlands (kfd)
Carl-Mosterts-Platz 1
40477 Düsseldorf

Bibliografische Information Der Deutschen Bibliothek
Die Deutsche Bibliothek verzeichnet diese Publikation in der Deutschen Nationalbibliografie; detaillierte bibliografische Daten sind im Internet über http://dnb.ddb.de abrufbar.

Übersetzung der Texte von Herman-Frans Andriessen aus dem Holländischen: Reinhart Miethner
Erstveröffentlichung der Texte von Herman-Frans Andriessen:
In Vita Nuova Reihe, Nijmegen (NL), Nr. 16, ISBN 90 75678 08 8

Verlag der Katholischen Frauengemeinschaft Deutschlands (kfd)
1. Auflage 2004
Lektorat: Verlagsservice Anne Voorhoeve, Selters
Umschlaggestaltung und Layout: Ilona Ranze-Kaluza, Düsseldorf
Satz und Druck: Bonifatius GmbH Druck Buch Verlag, Paderborn
ISBN 3–87309-215-8

Inhalt

Ein Haus für das Licht

Licht und Schatten

Licht in Freiheit

Heimweh nach Licht

Befriedetes Licht

Wie dieses Buch entstand

Es begann mit einem Missverständnis. Die Redaktion der Zeitschrift "wort auf dem weg" bat W. Bruners um einige Beiträge für eine Rubrik "Biblisches Fenster". Gedacht war an kurze Meditationen zu biblischen Texten. Er aber verstand es wörtlich. In einer Konkordanz entdeckte er über zwanzig Bibelstellen, in denen ein Fenster vorkommt. Und keineswegs nur als Requisit.

Seine Neugierde war geweckt. Er begann sich mit den Fenstergeschichten zu beschäftigen. Einige Beiträge wurden in "wort auf dem weg" im Jahr 2001 veröffentlicht. Längst nicht alle. Er blieb dran. Mit der Zeit entdeckte er, welchen biblischen Kostbarkeiten er begegnete. Wie viel Leben in diesen Geschichten steckt. Die meisten biblischen Fenstertexte waren ihm beim ersten Nachdenken weder ein- noch aufgefallen. Es sind meist existenzielle Lebenssituationen, in denen dieses Loch in der Hauswand eine bedeutsame Rolle spielt - im Lieben, Streiten, Leben und Sterben.

Während er sich noch in die biblischen Texte einlas, erreichten ihn Meditationen zu Kathedralfenstern von Herman-Frans Andriessen, die 1998 in Nijmegen erschienen waren. Die Idee war spontan: Beide Annäherungen, obschon ganz eigenständig und unabhängig voneinander entstanden, gehören zusammen. Gerade in ihrer Verschiedenheit ergänzen sie sich. Bei genauerem Hinsehen zeigen sich thematische Verbindungen. Herman-Frans Andriessen begegnet farbigen Fenstern in den Wänden alter Dome. Die aber erzählen oft biblische Geschichten und werden so in ihrer Transparenz "eine Quelle des Lichts für Menschen, die den Sinn ihres Lebens finden wollen".

In ihrer Vielfarbigkeit sind sie der Vielgestaltigkeit biblischen Erzählens verwandt und malen darin ein großes Lebensbuch. Auch die biblischen Fenstergeschichten sind durchsichtig auf das Gottes- und Menschengeheimnis hin, das sich uns in immer neuen Facetten, in Licht und Schatten darstellt. Die Bibel weiß um den Verlust des Gotteslichtes ebenso wie um die Unmöglichkeit, in der Totale des Gotteslichtes stehen zu können. Die lite-

rarische Form biblischer Texte ist ebenso wie die Fenster der Dome eine notwendige "Trennwand zwischen unserem Sein und dem Ewigen", das uns immer nur vermittelt treffen kann.
Die Entdeckungen, die Herman-Frans Andriessen in der Begegnung mit den Fenstern der Dome macht, gelten ebenso für die "literarischen" Fenster: "Sie lassen uns die Menschenliebe Gottes anschauen und trösten uns mit dem Gedanken, dass wir uns selbst nicht ein für alle Mal aufgeben müssen" - angesichts der täglich medial vermittelten Gräuel, die durch menschliche Hand geschehen, mehr als eine notwendige Botschaft.
Nach der Lektüre der Fenstermeditationen wuchs der Wunsch, beides - das in der Bibel und das in den Domen Beobachtete und Angeschaute - zusammenzuführen. Hinzu kam ein Drittes: Seit W. Bruners die Fenstergeschichten entdeckte, sah er Fenster auch bewusster als ein uraltes Thema in der Kunst. "Die Frau im Fenster" findet sich schon im alten Ägypten und bleibt Thema bis in die Malerei der Moderne (Marc Chagall u.a.). So lag es nahe, auch den künstlerischen Aspekt mit einzubeziehen.
Waltraud Grießer hatte sich mehrere Jahre - in experimenteller Fotografie und Fotoübermalungen - mit Glasmalereien auseinander gesetzt. Die Texte regten sie an, die Thematik von Licht und Schatten, Begegnung und Bewegung, Außen und Innen weiter zu verfolgen. Sie ließ sich von Stichworten und Situationen aus den Texten inspirieren und übersetzte sie in ihre künstlerische Sprache. Sie orientiert sich am Grundthema "Wechselndes Licht" und stellt uns die Faszination dieses immer währenden Ereignisses vor Augen. Die Faszination führt ins Bild - ins alltägliche, ins biblische.
Vor über fünfzehn Jahren haben wir schon einmal zu dritt ein Buch erarbeitet ("Springkraut"). Die guten Erfahrungen miteinander machten uns Mut, gemeinsam das Fensterbuch zu gestalten.

Fenster durchbrechen Wände, Mauern. Sie öffnen das Verschlossene. Machen unsere Welt durchlässig. Die Berliner Mauer hatte keine Fenster, weil die Erbauer Angst vor einer durchlässigen Welt und Gesellschaft hatten. Fenster verbinden Innen- und Außenwelt. Sie lassen uns Licht und Dunkelheit sehen. Allein darin sind sie schon ein Ereignis. Ein Dokument. Das machen vor allem die Bilder von Waltraud Grießer und die Meditationen von Herman-Frans Andriessen bewusst. In der Verzahnung dieser grundsätzlichen Bedeutung der Fenster mit unterschiedlichen Funktionen, von denen die biblischen Fenstergeschichten erzählen, liegt der Reiz des Buches. Es legt den Schwerpunkt mal auf den einen, mal auf den anderen Akzent. Den Verfassern kam es darauf an, Wesen und biblische Funktionen des Fensters gleichermaßen ins Bewusstsein zu heben.
Im alten Babylon waren Fenster ein Vorrecht der Götter der "oberen Etagen". Wenn Noach also in seine Arche ein Fenster einbaut (das im göttlichen Plan nicht vorgesehen war), maßt er sich ein göttliches Recht an. Das Fenster wird geradezu Symbol für Menschenrecht. Es wird zum Symbol für unsere menschliche Existenz, die wir öffnen und (ver-)schließen können, Symbol für unsere Licht- und Schattenseiten. Davon erzählt dieses Buch.
Wer mit diesem Buch eine Weile lebt, kann zu einem tieferen Sehen gelangen. In Kirchen und bei der Bibellektüre. In Kathedralen begegnen wir Fenstern unmittelbar - aufdringlich oder unaufdringlich, je nach ihrer Eigenart und künstlerischen Qualität. Mit den Gedanken von Herman-Frans Andriessen kann dieses Sehen intensiver, existenzieller werden. Die Begegnung mit Licht und Schatten wird zur Begegnung mit uns selbst. Aber zunächst geht es auch um das genauere Hinschauen auf die Fenster. Ihre Rahmungen. Ihre Trennungen. Ihre wechselnden Farben ...
Bei der Lektüre der biblischen Texte stehen gewiss Neu- oder Wiederentdeckungen an. Vielen wird nicht bewusst sein, dass

Fenster in der Bibel häufig mehr sind als nur eine Öffnung in der Wand. Thematische Verbindungen gilt es zu sehen. Da gibt es z. B. das Gebetsfenster in Richtung Jerusalem für Sara in der Tobitgeschichte oder für Daniel, bedrängt von seinen Gegnern. Da helfen unter Einsatz ihres Lebens Frauen (Rahab, Michal) Männern, durch ein Fenster zu fliehen, und bewahren sie dadurch vor dem Tod. Menschen schauen durchs Fenster und sehen, was sie nicht sehen wollen, was Unwillen erregt (Abimelech, Michal). Oder sie gehen von Fenster zu Fenster, um Ersehntes zu entdecken, das sich ihnen verbirgt (Frau Weisheit, die Geliebte). Vor uns steht Isebel am Fenster, immer noch schön und würdevoll, und wartet spottend auf ihren Mörder. Da sitzt eine Mutter am Fenster und erhofft die siegreiche Heimkehr ihres Sohnes. Sie träumt von Beute, die er mitbringt, aber der Sohn ist durch die Hand einer Frau (Jael) gefallen. Ein junger Mann stürzt aus dem Fenster, weil der Völkerapostel zu lange predigt und die Luft verbraucht ist ... Diese Geschichten zu entdecken, kann Hilfe für das persönliche Bibellesen, aber auch für Bibelkreise sein.

Und dann die Bilder von Waltraud Grießer. Illustration. Meditation. Inspiriert durch biblische Geschichten. Durch Betrachtungen von Herman-Frans Andriessen. Verknüpft mit äußeren und inneren Erfahrungen von Licht und Dunkel, wie sie jede und jeder macht und mit Hilfe der Bilder intensiver erfährt. Der Blick auf uns selbst.

Am Ende kehren wir immer zu uns selbst zurück. Auch wir kommen in all den Geschichten und Fenstern vor. Mal mehr, mal weniger. Werden berührt von Erzählungen, in denen wir eine Rolle spielen durch Identifikation - als Liebende, Kämpfende, Überraschte, Neugierige ... Als Menschen in Licht und Schatten. Manchmal im Zwielicht. Zum Leben erweckt oder auch vom Tod bedroht. Vom Licht angezogen oder in Dunkelheit gehüllt. Oder wir stehen am Fenster und blicken hinaus in eine Zukunft, die sich noch nicht erfüllt. Die wir befürchten. Die wir herbeisehnen voll Hoffnung.

Es gibt viele Möglichkeiten, mit diesem Buch umzugehen - in persönlicher Meditation, im Betrachten von Kirchenfenstern, in Bibelkreisen und in der Verkündigung im Gottesdienst. Wir hoffen, dass das Buch allen Leserinnen und Lesern zum Gewinn wird. Manche(r) mag anschließend wieder einmal bewusster durchs eigene Fenster schauen. Jene Öffnung, die groß genug ist, um einen Blick hinaus zu tun. Und die dennoch den Innenraum nicht in die Öffentlichkeit zerrt.

Abschließend ein Wort des Dankes an alle, die mit uns über dieses Buch im Gespräch waren. Ein besonderer Dank gilt Reinhart Miethner, der die erste deutsche Übersetzung der Texte von Herman-Frans Andriessen erstellte, und Veronika Brandstätter, die das Gesamtmanuskript für den Druck noch einmal kritisch gelesen hat. Tamar Bath Abraham, Margret Baues, Martin Tanzer sei gedankt für die Schreibarbeit. Und dem KlensVerlag sei Dank für die Aufnahme in sein Programm.

Paul Deselaers übernahm freundlicherweise einige Gedanken aus dem Artikel "Das Fenster im Kasten" (zuerst erschienen in "Wort auf dem Weg", Januar 2001) in seinem empfehlenswerten Buch: Lebensweisheit aus der Bibel. Biblische Frauen und Männer - Inspiration für heute, Freiburg 2002, 17-23.

Die biblischen Beiträge dieses Buches sind zusammen mit Fotografien der Künstlerin Christina Zilioli im Januar 2004 in mehr lyrischer Form in der Zeitschrift "ferment" Nr. 1/2004 erschienen. Darauf sei freundlich hingewiesen.

Herman-Frans Andriessen, Wilhelm Bruners, Waltraud Grießer

Einleitung

Dieses Buch erzählt in Bildern. Es erzählt von farbigen Fenstern, die die Wände alter Dome funkelnd durchbrechen.

Es erzählt von biblischen Menschen, die durchs Fenster schauen oder durchs Fenster gerettet werden. Und es erzählt in Bildern von Licht und Schatten, Hell und Dunkel und der Vielfarbigkeit unseres Lebens. Fenster sind eine Quelle des Lichts für Menschen, die den Sinn ihres Lebens finden wollen.

Sie sagen uns etwas über den Wert von Wahrheit in unserem Leben und die Bedeutung aller konkreten Wahrheiten, die wir finden.

Sie lehren uns Empfänglichkeit und setzen unser Leben in das "Gegenlicht" des Glaubens.

Sie lassen uns die Vielfarbigkeit unseres Lebens sehen, das Teilhabe am großen Licht Gottes ist.

Sie stellen uns vor Augen, wie die Farbe unseres Lebens im Laufe unseres Lebensganges wechselt. Und sie sind eine Einladung, dem Licht zu vertrauen - über den Tod hinaus.

Sie halten uns vor Augen, dass wir das Licht im alltäglichen Leben verlieren können.

Sie überzeugen uns davon, dass die Trennwand zwischen unserem Sein und dem Ewigen ein Segen ist.

Sie weisen uns auf die Unerlässlichkeit unserer Grenzen hin und leiten uns an, innerhalb dieser Grenzen gut mit der Wahrheit umzugehen.

Sie erziehen uns zu einer offenen ethischen Haltung und behüten uns vor Fanatismus.

Sie lassen uns die Menschenliebe Gottes anschauen und sie trösten uns mit dem Gedanken, dass wir uns selbst nicht ein für alle Mal aufgeben müssen.

Barmherzigkeit lehren sie uns in dem geheimnisvollen Bund zwischen Erbarmen und Ordnung.

So schulen sie unseren Blick und lehren uns, wirklich zu sehen.

Eigentlich sind sie die Zusammenfassung einer offenen, gläubigen, biblischen Frömmigkeit.

Die Unterweisung, die uns die bunten, bleiverglasten Fenster und die biblischen Geschichten geben, haben eine eigene Logik. Sie sind

ein Unterricht, der an unsere Erfahrung und an unser Herz appelliert.
Sie bilden ein Ganzes. Ein sichtbares Ganzes. Darin teilt ihr Unterricht seine Art mit der Kraft der Bilder, die sich in diesem Buch finden. Und so, wie Bilder auf jeden Betrachter anders wirken, so wirken auch bunte Fenster und biblische Geschichten.

"*Denn Stückwerk ist unser Erkennen ....*" (1 Kor 13,9)
Es geht um die Liebe. Die wird im Herzen geweckt.

"*Was muss ich tun, wenn man in eine Kirche hineingeht?*
Man muss Weihwasser nehmen, das Allerheiligste anbeten
und die Glasfenster betrachten."
(Katechismus des Bistums Fréguier, 850)

Was müssen wir tun, wenn wir das biblische Haus betreten?
Wir müssen die Sinne öffnen, die Augen und die Ohren.
Wir müssen das Wort hören, es sehen, schmecken, damit es in uns eintreten kann bis in die Herzmitte.

Teilhabe am Licht

Alles, was wir sehen,

sehen wir durch die Gnade

des Lichts. Aber nicht alles

wollen wir sehen.

Fenster sind ein Gleichnis

Du siehst die Kathedrale. Da sind die Fenster. Sie sind von außen sichtbar, aber sie wirken wie tot. Große Mauerdurchbrüche. Gewiss haben sie auch so ihre Wirkung. Sie tragen zum Ganzen bei in ihrer Regelmäßigkeit, ihren Winkeln, Säulen, Linien und Bogen, eine Art Filigran aus Stein. Aber sie sind tot.

Dennoch wecken sie eine Vermutung. Sie sind eine Möglichkeit. Sie laden ein, zu untersuchen, was sie wirklich sind. Wenn du sie nur von außen siehst, stoßen sie dich zurück und sagen: Nicht hier! Sieh uns anders. Sie sind sichtbar, aber sie weisen auf das, was noch nicht zu sehen ist. Sie zwingen nicht, aber sie laden ein: Geh von uns weg, nimm den Umweg nach innen. Dann sieh!

Fenster stellen dich vor eine Wahl. Sie belegen deine Zeit mit Beschlag, wenn du auf ihre Einladung eingehst. Sie fordern die Unterbrechung des alltäglichen Handelns. Was willst du? Die Dinge, deine Mitmenschen, dich selbst weiter von außen betrachten? Das Fenster verbietet es nicht, es lädt ein. Was willst du? Draußen bleiben oder einen Zugang suchen? Erfahren, dass die Tür verschlossen ist und du warten musst, ehe du eintreten kannst? Wenn du hineingehen willst, musst du Schritte tun.

Niemand verwehrt dir, stehen zu bleiben und dich mit der Außenseite zufrieden zu geben. Wir können stehen bleiben bei der Regelmäßigkeit der Dinge, unserer Mitmenschen und unser selbst. Wir können unsere Vermutungen Vermutungen bleiben lassen.

Aber etwas im Fenster ruft uns, nach innen zu gehen, um das zu sehen, was jetzt noch unsichtbar ist.

Fenster haben ihr Geheimnis. Sie deuten an. Das Darinnen. Das Dahinter. Sie sagen auch: Dahinter ist noch etwas (mehr). Es ist zugänglich.

Aber du musst selbst gehen.

Und sehen.

Licht ist mehr als Wahrheit

Wenn du in die Kathedrale hineingehst, gehst du in eine Welt hinein. Es ist eine andere Welt als die Welt draußen. Die Geräusche fallen weg oder werden zu einem vagen Hintergrund. Säulen stehen da, manchmal ein Wald von Säulen, ordnend und tragend.
In diesen Wald trittst du ein. Er umgibt dich wie Bäume, Jahrhunderte alte, uralte Bäume.
Manchmal tragen sie in ihren Kapitellen das dicht belaubte, volle, geheimnisvolle Leben: Lebensbäume.
In romanischen Kathedralen stehen häufig zwölf von ihnen: zwölf große Bäume, die die Kirche tragen, das ganze Gebäude zusammenhalten und den Raum möglich machen, in den man hineinkommt.
Dann sind da die Fenster.
Sie zeigen verschiedene Bilder. Doch die bemerkst du erst später. Zuerst ist ihr Licht da. Licht in vielen Farben. Vom dunklen Blau bis zum strahlenden Gold. Draußen achtet man nicht auf das Licht. Die Fenster machen das Licht sichtbar. Es wohnt in ihnen. Durch sie siehst du die Dinge und deine Mitmenschen und etwas von dir selbst anders. In den Fenstern wohnt Licht in vielen Schattierungen.
Die Dinge, dein Mitmensch, du selbst vergegenwärtigen mögliche Wahrheit. Wahrheit nicht als eine Erklärung von außen, sondern innere Wahrheit, die vom Ursprung der Dinge, von ihrer Auswirkung auf das Ganze und von ihrem Sinn erzählt. In dieser Erzählung werden die Dinge mehr als sie sind: Bilder für etwas anderes. Sinnbilder.
An der Außenseite ist das nicht zu sehen. Es wird erst sichtbar, wenn du in die Dinge, in deinen Mitmenschen und dich selbst hineingehst, so wie du in die Kathedrale hineingehst. Es wird erst sichtbar, wenn du lernst, das Licht zu sehen, das in den Dingen, im anderen und in uns selbst wohnt. Geheimnisvolles Licht, das von anderswo herkommt, aber doch in den Dingen, im anderen und in uns selbst wohnt, so wie das Licht im Glas wohnt. Alles hat ein "eigenes" Licht.

Wer die Fenster sieht, begegnet dem Licht selbst. Er entdeckt das Geheimnis, dass es Licht gibt. Er erfährt, dass es das Sinnbild einer anderen Welt als der Welt draußen ist: Sinnbild auch einer anderen Wahrheit.
Etwas in uns will Wahrheit, es verlangt nach Wahrheit über Dinge, Mitmenschen und über uns selbst. Nicht eine äußerliche Wahrheit, sondern die Wahrheit, die alles innerlich durchleuchtet: in seinem Ursprung, seiner Wirkung im Ganzen, seinem Sinn.
Johannes schreibt:
"*Im Anfang, ehe die Welt geschaffen wurde, war Er, das Wort. Und Er, das Wort war bei Gott und Gott war Er, das Wort. Er war in allem Anfang bei Gott. Durch Ihn ist alles geworden; nichts ist ohne Ihn entstanden. Was geworden ist, war Leben in Ihm. Und das Leben war das Licht der Menschen.*" (Joh 1,1–4).
Wer das Licht sieht, weiß, was Johannes meint. Er weiß es sicher, wenn er Teile der Wahrheit über die Dinge, den Mitmenschen und über sich selbst findet.
Wer die Fenster sieht, sieht das Licht. Es wohnt in ihnen.
"*Licht ist mehr als Wahrheit*" (Guardini).
Wenn das Licht verschwindet, ist das Glasfenster tot.
Die Wahrheit auch.

Nach vierzig Tagen öffnete Noach das Fenster der Arche

Nach vierzig Tagen öffnete Noach das Fenster der Arche, das er gemacht hatte, und ließ einen Raben hinaus.
(Gen 8,6-7a)

Das erste Fenster in der Bibel ist eine Erfindung des Menschen, seine erste eigenständige technische Leistung ohne (göttliche) Vorlage. Im Paradies gab es keine Fenster. Keine Türen. Es gab kein Dach über dem Kopf. Kein schlechtes Wetter. Das Paradies war ein Garten. Für den Menschen "wie geschaffen". Alles war offen. Nackt. Schamlos. Im Licht. Und niemand brauchte sich zu verstecken. Vor wem auch? Weder trugen die Menschen ein "dickes Fell", das sie später dringend brauchten, noch musste sich Gott vor den Menschen verbergen, weil sie zudringlich wurden und ihn für ihre Zwecke gebrauchen wollten.
Diese Offenheit hielt nicht lange an. Der Mensch wollte teilhaben am göttlichen Wissen um "Gut und Böse", dem einzigen Privileg, das Gott sich vorbehalten hatte – um des Menschen willen. Denn Gott ahnte, was passieren würde: Der Mensch würde seine Unbefangenheit verlieren und künftig Richter spielen wollen. Ein Spiel mit tödlichem Ausgang, wie wir wissen. Es kam wie befürchtet. Kaum begonnen, endete alles im Chaos. In Mord und Totschlag. Und Gott konnte nicht lange darüber hinwegsehen, "dass auf der Erde die Schlechtigkeit des Menschen zunahm und dass alles Sinnen und Trachten seines Herzens immer nur böse war" (Gen 6,5). Sollte Gott das Experiment Mensch, der ihm doch so ähnlich war und in den er so viel Hoffnung investiert hatte, abbrechen? Vieles sprach dafür. Jedenfalls reute es Gott, "auf der Erde Menschen gemacht zu haben, und es tat seinem Herzen weh" (Gen 6,6). In einem ersten Zorn beschließt er, alles Lebendige vom Erdboden zu vertilgen – Vieh, Vögel und Kriechtiere eingeschlossen. Gott sei Dank ist der biblische Gott nicht immer konsequent. Jedenfalls nicht in seinem Zorn. Er macht Ausnahmen, weshalb die den nahmen, weshalb die

Geschichte vom Menschen auch noch nicht zu Ende ist. So geht sie im Guten wie im Bösen weiter.
Noach wird von der Sintflut ausgenommen, weil er "Gnade in den Augen des Herrn" findet – und mit ihm einige Tiere. Für sich, seine Familie und die Tiere soll Noach einen Kasten bauen, eine "Tevah", wie die Arche bei genauer Übersetzung der Bibel heißt. Aus Zedernholz, edel also und wasserdicht. Der Mensch, noch unerfahren in der Seefahrt, bekommt von Gott einen genauen Plan, wie er diesen Schutzkasten wasserfest machen kann. Und Noach ist gehorsam. Er baut die Arche exakt nach göttlichem Plan. Der Mensch ist der Handwerker, Gott der Architekt. Wir erfahren, dass Gott selbst die Tür zur Arche hinter Noach zuschließt. Offenbar will Gott sicher gehen, dass nicht in letzter Minute noch eine Panne passiert. Er ist daran interessiert, dass der "heilige Rest" die Flut übersteht.
Wann Noach das Fenster in den Kasten einbaut, wann er sich dazu die Freiheit nimmt (denn im göttlichen Architekturplan kam kein Fenster vor), erzählt uns die Bibel nicht. Außerdem: War es nur ein Fenster oder waren es mehrere? Klein oder groß? Hatte Noach diese Öffnung von Anfang an mit eingebaut? Oder war es ihm auf Dauer zu dunkel in seinem Kasten geworden, sodass er "nachrüstete"? Offenbar sah auch Gott die Notwendigkeit ein. Von einem Verweis für diese Eigenmächtigkeit ist jedenfalls keine Rede. Gott ließ sie zu.
Vom Fenster, das Noach gemacht hat, erfahren wir erst, nachdem die Arche schon im Gebirge Ararat aufgesetzt hat: "Nach vierzig Tagen öffnete Noach ein Fenster der Arche, das er gemacht hatte ..." (Gen 8,6). Es ist zu vermuten, dass der Erzähler dem Noach das Fenster schon vor dem Aufsetzen der Arche zugesteht. Woher sonst hätte Noach um das Ende der Flut wissen sollen? Die Tür war von göttlichen Händen verschlossen. Sie zu öffnen stand ihm nicht zu. Er musste warten. Gott hatte den Schlüssel. Das Fenster aber war Noachs Erfindung. Darüber konnte er verfügen. Allerdings hatte sich Noach mit dem Fenster auch ein Problem geschaffen: Er blieb durchs Fenster mit der Außenwelt in Sicht-

kontakt. Diese Außenwelt zu sehen war nicht angenehm. Er erlebte als Zuschauer ihren Untergang, so wie wir jeden Abend vor dem Fernseher den Untergang der anderen erleben. Und erfuhr gleichzeitig seine Rettung und die der Insassen der Arche. Ab jetzt würde der Mensch als Geretteter, aus welcher Katastrophe auch immer, damit leben müssen, dass andere nicht gerettet werden. Das mit anzusehen, beschert ihm der kleine Ausblick. Er allein genügt, um fortan ein schlechtes Gewissen zu haben: das Schuldgefühl der Überlebenden. Warum ich und nicht die? Ein bleibendes Problem. Und es würde den Überlebenden auf Dauer auch nicht helfen, sich für "gerecht und untadelig" zu halten, zu glauben, die Vernichteten seien nur einer gerechten Strafe überantwortet worden. Ist es da nicht manchmal leichter, an einen sinnlosen Zufall zu glauben? Gott damit zu entlasten? Aber alle Erklärungsversuche haben einen Haken. Und Noach hatte noch nicht den Mut Gott zu fragen: Warum?
Durch das Fenster sah Noach die strafende Seite Gottes, seine Enttäuschung über das misslungene Geschöpf "Mensch". Noach erlebte Gottes zerstörerisches Tun an anderen und gleichzeitig seine eigene Rettung. Er war durch das, was er durchs Fenster sah, gewarnt. Von jetzt an musste er mit beiden Seiten Gottes leben: einer dunklen und einer hellen, einer abgründigen und einer erhofften. Beide kamen manchmal sehr willkürlich in der Geschichte daher. Und es dauerte noch sehr lange, bis ein Hiob die Sache mit Gott ausdiskutierte. Verständlicher wurde sie dadurch allerdings auch nicht. Aber zumindest war sie im Gespräch.
Diese ambivalente Erfahrung wurde erst durch das Fenster möglich: mit der eigenen Rettung gleichzeitig zum Zuschauer des Untergangs der anderen verurteilt zu sein. Als Noach wieder Land sieht, die Berggipfel sichtbar werden, öffnet er das Fenster. Es ist der Beginn des Weges aus der Arche, dem schützenden Kasten, der über die Chaosfluten gegangen ist. Ehe Noach seinen Fuß wieder auf trockene Erde setzt, sendet er Vögel aus: einen Raben, eine Taube. Langsame Annäherung. Neubeginn.

Am Ende, Noach ist vorsichtig, ruft Gott ihm selbst zu: "Komm heraus aus der Arche ...!" Der Ruf kommt von draußen. Die Welt, in die Noach herausgerufen wird, ist nicht gottlos. Charme Gottes: Im Schnabel einer Taube schickt er Noach einen frischen Ölzweig – durch das geöffnete Fenster. Es ist ein Gruß aus der wieder auflebenden Schöpfung. Jetzt weiß Noach, was und wer ihn in der Welt erwartet.

Wenig später ist der Kasten leer. Und am Himmel blüht ein Regenbogen.

Schattierungen des Lichts

Das Fenster ist eine bunte Schattierung von Licht. Die Schattierung ist nicht willkürlich. Sie setzt Akzente. Manche Stellen leuchten auf, andere bleiben mehr im Hintergrund. So kommt ein Rhythmus in das Licht. Unser Auge wird auf einem Lichtweg mit helleren und dunkleren Stellen zum Zentrum geleitet. Der Schöpfer des Fensters verwandelt so das Licht in eine stille Erzählung.

Niemand muss sie lesen, denn nichts ist so absichtslos wie das Licht. Jeder kann sie lesen, denn nichts ist so bereitwillig wie das Licht.

Im Fenster ist nicht alles Licht gleich wichtig. Aber keine einzige Schattierung ist unbeabsichtigt. Es geht um den Sinn und die Ausrichtung der Erzählung. Jedes Licht-Detail trägt dazu bei.

So ist es auch mit der Wahrheit, die in uns wohnen will. Es geht um das Licht, das alle Wahrheit durchdringt. Eine Wahrheit steht mehr im Mittelpunkt als die andere. Doch hat jede "kleine" Wahrheit ihre Bedeutung und ist ein Teil des Ganzen. Nicht alle Worte, in die sich die Wahrheit kleidet, sind gleich wichtig, aber auch die kleinen Worte leisten ihren Beitrag.

Und vor allem: Wir sehen mit unseren je eigenen Augen.

Manchmal können wir uns miteinander nicht über das einigen, was wir sehen. Wir haben unsere eigenen Worte, die ausdrücken, was wir von der Wahrheit vernommen haben. Aber wir können auch lernen, etwas von dem zu sehen, was andere sehen. Das erfordert Aufmerksamkeit und Vertrauen. Manchmal gelingt es nicht. Doch auch dann weiß jeder: Alles, was wir sehen, sehen wir durch die Gnade des Lichts. Das Licht ist mehr als die Farben, in denen das Fenster uns das Licht offenbart.

Auf das Licht selbst kann niemand Anspruch erheben. Es fällt auf uns aus einer anderen Welt. Johannes schreibt: "*Gott ist Licht und in Ihm ist keine Spur der Finsternis.*" (1 Joh 1,5)

Das Licht können wir nicht sehen. Wir sehen es nur durch das Fenster in den Schattierungen von Wahrheit, die uns gegeben werden. Aber in dem, was wir sehen, nehmen wir teil an diesem Licht.

Einmal schaute Abimelech durch das Fenster

Nachdem er längere Zeit dort zugebracht hatte, schaute einmal Abimelech, der König der Philister, durch das Fenster und sah gerade, wie Isaak seine Frau Rebekka liebkoste. (Gen 26,8)

Ein "Spanner" ist Abimelech, der König der Philister, nicht. Denn was er bei einem Zufallsblick durchs Fenster wahrnimmt, will er eigentlich nicht sehen. Er ist erschrocken, als er "gerade sah, wie Isaak seine Frau Rebekka liebkoste" (Gen 26,8). Wäre er darauf aus gewesen, erotische Begegnungen seiner Mitmenschen zu beobachten, wie es "Spanner" wollen, hätte er die beiden nicht gestört. Er hätte weiter zugesehen ...

Aber Abimelech ist auf das Wohl seines Volkes bedacht. Und auf das Wohl der Fremden. Denn Fremde sind Rebekka und Isaak: Wegen einer Hungersnot waren sie ins Land der Philister gezogen. Gott selbst hatte ihnen dazu seinen Segen gegeben (Gen 26,3). Aber warum ist Abimelech erschrocken oder verärgert über seine zufällige Beobachtung durchs Fenster?

Isaak hatte ihn belogen. Rebekka, seine schöne Frau, hatte die Begehrlichkeit der Philister erregt. Stellte Isaak sie als seine Frau vor, war sie tabu – oder Isaak musste umgebracht werden. Dann war sie (wieder) frei, um genommen zu werden. Die Lüge, die Ehefrau sei die Schwester, hatte in der Familie Tradition. Auch Abraham, Isaaks Vater, war damit dem Pharao in Ägypten unangenehm aufgefallen. Aus dem gleichen Grund und ebenfalls bei einer Hungersnot (Gen 12,10-20). Und ein zweites Mal hatte er es versucht bei jenem Abimelech, bei dem dann später Isaak als Gast lebt (vgl. Gen 20,2-18).

Abrahams und Isaaks Todesängste vor den Herrschern ihrer Gastländer sind unbegründet. Diese erweisen sich, gemessen an den schwarzen Phantasien, in Wirklichkeit als arglos in ihren Herzen. In allen Fällen kommt es nicht so weit, dass die Ehefrau, um das eigene Leben zu retten, verraten werden muss. Die fremden

Herrscher haben mehr Moral als Abraham und Isaak, die, um das eigene Leben zu schonen, die Frauen hergeben wollen. Die Fremden wollen keine Schuld auf sich laden. Bei Abimelech genügt ein kurzer Blick durchs Fenster auf die Liebenden Isaak und Rebekka, um zu verstehen. In der Abraham-Erzählung hatte Gott selbst Abimelech den Betrug im Traum offenbart (Gen 20,3). Der Pharao merkt es an den Plagen, die sein Haus treffen.
Abimelech stellt Rebekka und Isaak sogar unter seinen besonderen Schutz. Ja, Isaak darf im Land siedeln und reich werden. Der Pharao freilich will mit Abraham nicht weiter zusammenleben. Aber er nimmt ihm auch nicht, was er ihm gegeben hat: Schafe, Ziegen, Rinder und Esel, Knechte und Mägde, Eselinnen und Kamele. Einige Leute werden abgeordnet, die Abraham, "seine Frau und alles, was ihm gehörte, fortgeleiten sollten" (vgl. Gen 12,20).
Fremdenfeindlichkeit kennen diese Geschichten nicht. Im Gegenteil: Sie erzählen davon, wie Abraham und Isaak aus Furcht in der Fremde das Gastrecht missbrauchen. Und wie Fremde es heilig halten. Es sind Erzählungen, die das spätere Israel von der Furcht befreien sollen, alle Fremden wollten ihm nur Böses. Eine sehr zeitgemäße Botschaft. Nicht nur in und für Israel.

Michal, Sauls Tochter, schaute aus dem Fenster ...

Als die Lade des Herrn in die Davidstadt kam, schaute Michal, Sauls Tochter, aus dem Fenster, und als sie sah, wie der König David vor dem Herrn hüpfte und tanzte, verachtete sie ihn in ihrem Herzen. (2 Sam 6,16)

Michal hätte diesen Blick aus dem Fenster besser nicht getan. Als sie David, ihren Mann, den König, unter Jubelgeschrei und dem Klang des Widderhorns vor der Bundeslade hüpfen und tanzen sieht, "verachtete sie ihn in ihrem Herzen" (2 Sam 6,16). Warum läuft sie nicht auf die Straße und tanzt einfach mit?

Der ausgelassene Zug, der unter Michals Fenster herzieht, trägt in seiner Mitte ein religiöses Kleinod: die Lade Gottes. Sie soll nach Jerusalem gebracht werden, dem neuem Zentrum der Macht Davids. Im judäischen Bergland, "auf einem Hügel" hatte er lange gestanden - jener vergoldete Kasten aus Akazienholz, der es in sich hatte: die Bundesurkunde, die Thora, die Weisungen Gottes.

Jerusalem hat David, der zuerst in Hebron als König von Juda residiert hatte, zum politischen Mittelpunkt ganz Israels gemacht. Jetzt soll es auch der religiöse Mittelpunkt werden. Dazu braucht er ein Symbol, auf das sich alle Stämme des Gottesvolkes einigen können. Was ist geeigneter als das uralte Zeichen ständiger Gottespräsenz, das die Mosegruppe durch die Wüste begleitet hatte: der Kasten mit den Tafeln der Thora? Sie erinnert Israel und Gott, diese ungleichen Bundespartner, an Vertragsbedingungen des Bundes. Nicht immer war Israel in der Vergangenheit sorgsam mit dieser Lade umgegangen - und natürlich auch nicht mit ihrem Inhalt. Allzu oft hatte Gott die Thoravergesslichkeit Israels zu beklagen. Sogar an die Philister hatte man die Lade verloren.

David beschließt also, sie nach Jerusalem zu holen - mit allem religiösen Zeremoniell, das nötig ist, um sie und ihren Inhalt neu ins Bewusstsein Israels zu bringen. Eine Prozession. Eine gewaltige Inszenierung. Und der Himmel spielt mit. Dass die Lade noch immer "heiliger Ort" ist, muss Usa erfahren, der sie mit nicht geweihten Händen angefasst hat: "Gott schlug ihn auf der Stelle wegen dieser Vermessenheit." (2 Sam 6,7) Es ist einiges wieder in Erinnerung zu bringen. Zu vieles ist verloren gegangen in den Kriegswirren - auch während des babylonischen Exils, fünfhundert Jahre später, als diese Geschichten gesammelt und (neu) erzählt werden, zum immer währenden Gedächtnis und mit erhobener Stimme.

Vergessen ist offenbar auch, dass sich Könige vor Gott demütigen mussten. David wird zum Vorbild: der "mit aller Hingabe vor dem Herrn" tanzende und hüpfende David. Sollen die Leute denken, was sie wollen! Nach dieser ekstatischen Kultprozession tritt Michal ("Sauls Tochter", erinnert uns der Erzähler) vom Fenster zurück und empfängt David mit den Worten: "Wie würdevoll hat sich heute der König von Israel benommen, als er sich vor den Augen der Mägde seiner Untertanen bloßgestellt hat, wie sich nur einer vom Gesindel bloßstellen kann?" (2 Sam 6,20) Michal hat vergessen, dass sich ihr eigener Vater in Rama im Prophetenhaus in Verzückung nachts auf den Boden geworfen hatte. Und so daran gehindert wurde, David zu töten (1 Sam 19,9-24).

David weist den Vorwurf zurück. Er hat "vor dem Herrn" getanzt, "für ihn will ich mich gern noch geringer machen als diesmal und in meinen eigenen Augen niedrig erscheinen" (2 Sam 6,22).

Die Schlussbemerkung der Erzählung ist nicht sehr freundlich: "Michal aber, die Tochter Sauls, bekam bis zu ihrem Tod kein Kind." Verkehrte David nicht mehr mit ihr, die ihm doch einmal das Leben gerettet hatte, indem sie ihn durch ein Fenster (!) hinabließ (vgl. 1 Sam 19,12)? Oder erinnert die Geschichte an Wichtigeres: Wer nicht vor seinem Gott hüpfen und tanzen kann, ist tot. Michal blieb eben nur am Fenster stehen. In Distanz. Und ließ sich nicht von der Freude an der Thora und ihrer Heimholung anstecken. Da war dann auch keine Zukunft mehr. Fünfhundert Jahre nach Babylon greift der Evangelist Lukas

Elemente dieser Geschichte auf und erzählt vom "hüpfenden" Kind im Schoß der Elisabeth, als die schwangere Maria von Nazareth ins Bergland von Judäa zu ihr kommt. In der Sicht des Lukas ist die "Bundeslade" wieder auf dem Weg nach Jerusalem, einem "Ort" der Gottesanwesenheit in Fleisch und Blut und höchst lebendig.
Daran erinnert heute noch unweit der Straße von Tel Aviv nach Jerusalem eine Statue auf einem Hügel: Maria auf der Bundeslade. Darunter ein Kloster der Josefschwestern mit sehr lebendigen Frauen. Und Fenstern, die weit ins Land sehen lassen.

Öffnung ins Licht

Ohne Umfriedung sind wir bloßgestellt.

Ohne Öffnung sind wir eingesperrt.

Durchsicht

Das Fenster durchbricht die Mauer, öffnet sie und gehört doch zur Wand.
Es ist kein Ausgang oder Durchgang. Und doch öffnet es die Mauern, die uns mit ihrer einschließenden Kraft umgeben. Beides haben wir nötig: die Öffnung und die Geborgenheit.
Ohne Umfriedung sind wir bloßgestellt. Ohne Öffnung sind wir eingesperrt.
Die Dinge brauchen ihre Umfriedung. Wie würden sie anders bestehen können in dieser materiellen Welt?
Auch wir Menschen brauchen sie. Wie könnten wir sonst zusammenleben? Ausgeliefert an alles und jeden?
Und die Dinge brauchen Offenheit. Wie würden sie anders gesehen werden können in ihrer Bedeutung: der Stein, die Pflanze, das Wasser und Bruder Sonne?
Eingesperrt in sich selbst würden sie sein, nicht eingefügt ins Ganze: fremde Teile in einem fremden Ganzen. Auch wir Menschen brauchen Offenheit. Wie einsam würden wir ohne das Licht des anderen sein, das uns erleuchtet und füreinander zu Fenstern macht.
Das Fenster bricht die Mauer auf und ist doch eine Trennung. Es öffnet unsere Eingeschlossenheit und liefert uns doch nicht an die Welt außerhalb aus. Es tut mehr. Es sagt uns: Du bist empfänglich für das Licht. Für das Licht der Dinge und der Mitmenschen, das Licht deiner selbst, das Licht aus der Höhe. Das Fenster legt allen Nachdruck gerade auf diese Empfänglichkeit. Es zeigt, dass wir das Licht nicht machen können.
Ein Fenster können wir machen, langweilig oder glutvoll, schwach oder stark, einladend oder abstoßend. Wir können es aus der Mauer herausbrechen oder zumauern. Das Licht, das durch das Fenster fällt, wird empfangen, nicht gemacht.
Es ist ein wunderbares Geschehen, wenn Menschen sich selbst zum Fenster machen. Sie werden dann füreinander durchsichtig und verlieren doch nicht ihre Geschlossenheit. Sie bleiben sie selbst und sind doch offen für andere.

... durch das Fenster die Stadtmauer hinab

Darauf ließ die Frau sie mit einem Seil durch das Fenster die Stadtmauer hinab; das Haus, in dem sie wohnte, war nämlich in die Stadtmauer eingebaut. (Jos 2,15)

Sie wird als eine der Stamm-Mütter Jesu aufgeführt. Matthäus, der Evangelist, nennt sie - neben wenigen anderen - ausdrücklich beim Namen: Rahab. Die Ausländerin. Die Stadtdirne von Jericho. Ihr Etablissement ist ein Teil der Stadtmauer (Jos 2,15). Dort lebt sie und kommt für ihre ganze Familie auf. Die Lage des Hauses garantiert eine gewisse Diskretion. Auch für die Landbevölkerung, die von außen zu den Markttagen kommt und ihre Produkte anbietet. Die zugleich das Stadtleben - immer schon verruchter als das Leben auf dem offenen Land - genießen möchte.
Aber die Bibel ergeht sich nicht in Klage über die Unmoral des "ältesten Gewerbes". Sie setzt Rahab nicht auf die Anklagebank. Sie ist die "heilige" Dirne, die eigentliche Hauptperson in dieser Geschichte. Eine Retterin - der eigenen Familie und des israelitischen "Geheimdienstes". Und das alles, weil ihr Haus ein Fenster hat, eine Öffnung zur Stadt hinaus. Einen Blick ins offene Land. Spionage und Sex haben immer schon zusammengespielt. Davon weiß auch die Bibel.
Josua, der legendäre Nachfolger des Mose, steht jenseits des Jordans. Er will in das Land ziehen, das verheißungsvoll vor ihm liegt. Er zögert und schickt, wie 40 Jahre zuvor schon Mose, Männer aus, um das Land und die Stadt Jericho auszukundschaften. Mose hatte zwölf geschickt. Zehn waren mit angsterregenden Phantasien aus der Nähe von Hebron, aus dem Traubental zurückgekehrt (vgl. Num 13f.). Nur zwei sahen trotz aller Schwierigkeiten eine Möglichkeit, ins Land zu ziehen. Unter ihnen Josua. Er hat also Erfahrung. Josua schickt nur zwei Männer los. Sie genügen, um eine Mut machende Nachricht zu bringen. Und die Männer wissen, wo sie hingehen und Infor-

mationen einholen können.
Im Haus der Dirne wollen sie übernachten, im "Gästehaus" der Stadt. Die Sache wird ruchbar. Die Nachricht arbeitet sich zum König vor. Er fordert die Auslieferung der fremden Männer. Sie seien Spione. Auch an dieser Stelle erinnert die Bibel an eine andere Erzählung: Als Lot, der Neffe Abrahams, die beiden Gottesmänner in Sodom aufnehmen will, fordern die Männer von Sodom und "alles Volk von weit und breit" deren Auslieferung (Gen 19,4). Am Beispiel der Gastfreundschaft und ihrer heiligen Regeln kann der biblische Mensch einen Eindruck von der moralischen Situation einer Stadt gewinnen. Jericho ist nicht besser als Sodom, legt der Text nahe. Das Gastrecht wird verletzt. Wer solches tut, verdient es nicht, weiter zu existieren. Wir werden auf die Zerstörung der Stadt vorbereitet. Auf die Rechtfertigung, sie zu vernichten. Der Grund liegt nicht im "Freudenhaus".
Rahab handelt wie Lot: Sie liefert ihre Gäste (Kunden?) nicht aus. Wegen des Gastrechts? Aus politischer Klugheit? Der Text reflektiert das nicht. Hauptsache: Sie liefert nicht aus. Die Gründe spielen keine Rolle, Gesinnungsethik wird hier nicht betrieben. Rahab versteckt die Männer auf dem Flachdach unter Flachsstengeln. Die Häscher des Königs, ihres Königs, belügt sie, weist ihnen eine falsche Fährte. Den Männern des Josua aber nimmt sie das Versprechen ab, sie und ihre Familie zu schonen, wenn Jericho in die Hände Israels fällt: "Ich weiß, dass der Herr euch das Land gegeben hat ..." (Jos 2,9) Sie, die Fremde, weiß schon viel über Israels Gott. In ihrem Beruf hört man so manches - und hat einen Sinn für Kommendes.
Dann lässt sie die Kundschafter an einem Seil durch das Fenster die Stadtmauer hinab. Auch so erweist sich die Lage des Hauses als günstig. Rettend. Die Flucht gelingt.
Später, als Israel mit Hörnerschall und in einer liturgischen Prozession Jerichos Mauern zum Einsturz bringt, finden die Eroberer - wie mit Rahab vereinbart - eine geflochtene, purpurrote Schnur (Vorläufer der roten Laterne?). Einen Hoffnungsfaden, an jenes Fenster gebunden, das den Geheimdienstleuten

zur rettenden Öffnung wurde. Sie stehen zu ihrem Wort: "Die Dirne Rahab und die Familie ihres Vaters und alles, was ihr gehörte, ließ Josua am Leben." Und so wohnt "ihre Familie bis heute mitten in Israel ..." (Jos 6,25), sagt die Bibel hintergründig und im Präsens.

Michal ließ David durch das Fenster hinab ...

Michal ließ David durch das Fenster hinab, sodass er fliehen und sich in Sicherheit bringen konnte. (1 Sam 19,12)

Manchmal müssen sich Kinder gegen ihre Eltern stellen: um der Gerechtigkeit und des Lebens willen. Verblendet in Ängsten und Ideologien, versuchen Eltern ihre Kinder in eigene Denkbahnen zu lenken. Sie erkennen nicht das Unrecht, das sie einer kommenden Generation antun, wenn sie ihre Konflikte an die Kinder vererben. Manchmal durchschauen Kinder ihre Eltern an eben dieser Stelle. Statt gehorsam zu sein, verweigern sie sich oder protestieren. Darin liegt eine große Chance für beide, Eltern und Kinder, noch einmal hinzuschauen und nachzudenken. Leider gilt Ungehorsam nach wie vor als Untugend und Gehorsam wird belohnt. Zu Unrecht.

Es gibt in der Geschichte der Menschen wunderbar ungehorsame Frauen. Aus Liebe. Aus Einsicht. Aus Lebenswillen. Michal, Sauls Tochter, später Davids Frau, gehört dazu. Eigentlich war Sauls älteste Tochter Merab für David vorgesehen - als Belohnung (!) für Davids Kriegsdienste gegen die Philister. Aber sie wurde dann doch nicht seine Frau. Die Bibel sagt nur, dass sie Adriël aus Mehola zur Frau gegeben wurde (1 Sam 18,19). Doch längst schon liebt eine andere Tochter Sauls David: Michal (1 Sam 18,20).

Nur scheinbar stimmt Saul der Ehe zu. Aber David soll zuvor hundert Vorhäute (!) von Philistermännern bringen. Das heißt wieder Krieg gegen das Volk in der Küstenebene. Doch das von Saul Erhoffte tritt nicht ein: David kommt nicht um. Er bringt mehr als das Verlangte: "... er erschlug zweihundert von den Philistern, brachte ihre Vorhäute zum König und legte sie vollzählig vor ihn hin, um sein Schwiegersohn zu werden." (1 Sam 18,27) Jetzt kann Saul nicht anders. Michal wird Davids Frau. Aber Sauls Feindschaft ist dadurch nicht beendet. Im Gegenteil:

Sauls Eifersucht und seine Depressionen sind nur größer geworden. Ein Versuch, David während seines Zitherspiels mit dem Speer an die Wand zu spießen, misslingt. David flieht. Aber Sauls Boten sollen ihm auflauern.
Michal bekommt Wind von der Sache und handelt. Noch in der Nacht drängt sie David zur Flucht. Rettet ihn vor den Nachstellungen des Vaters: "Wenn du dich nicht noch in dieser Nacht in Sicherheit bringst, wirst du morgen früh umgebracht." (1 Sam 19,11) Vor der Haustür lauern schon die Mörder. Der einzige Fluchtweg ist das Fenster. Das hat Tradition in Israel, hatte doch auch Rahab, die Dirne von Jericho, durchs Fenster die Kundschafter hinabgelassen und gerettet – vor dem König, dem "Vater" der Stadt (vgl. Jos 2,15).
"Michal ließ David durch das Fenster hinab, sodass er fliehen und sich in Sicherheit bringen konnte." (1 Sam 19,12) Das Fenster, die schmale Öffnung nach draußen, wird zum Symbol des Ungehorsams gegenüber dem Vater. Während Saul nur den Weg durch das Tor des Todes zu kennen scheint, öffnet Michal, die Tochter, ein Fenster zum Leben, breit genug, um David zu retten. Und Michal tut noch mehr. Die folgende List, um David Fluchtzeit zu verschaffen, ist erstaunlich und zeigt einen lebensfördernden und kreativen Umgang mit religiösen Symbolen: Sie nimmt das Götterbild, "legte es in Davids Bett, umgab seinen Kopf mit einem Geflecht von Ziegenhaaren und deckte es mit einem Kleidungsstück zu" (1 Sam 19,13). Prophetische Kritik hat sich in Israel häufig lustig gemacht über die Götterbilder, die wackeln und befestigt werden müssen (vgl. Jes 40,19f.). Michal gibt ihrem Götterbild eine sinnvolle Funktion: Als kranker David verkleidet, rettet es Leben.
Die List gelingt: Die Boten melden Saul, David sei bettlägerig. Saul lässt nicht locker. Im Bett soll er zu ihm gebracht und getötet werden. Als Saul merkt, dass die Tochter ihn betrogen hat - mit einem ins Bett gelegten Götterbild! -, kommt es zur Auseinandersetzung. Michal "bedient" den Vater mit einer Lüge: David habe ihr gedroht, sie umzubringen, wenn sie ihn nicht

gehen lasse. Das klingt für Saul glaubwürdig, denn gewaltbereit, wie er selbst ist, unterstellt er solches auch David. Vielleicht aber will er diese Lüge auch glauben. Weil er die Tochter zu sehr liebt, um sie für ihre List zu strafen. Mit dem Tod? Es gibt genug Väter, die, um die eigene Ehre zu retten, das Leben der Töchter opfern – etwa in sinnlosen und mörderischen Kriegen.

Michal hat einen Bruder, Jonatan, der in seiner Solidarität mit David noch weiter geht. Er schließt mit David einen Freundschaftsbund und steht dafür vor seinem Vater ein - ohne den Vater zu verraten. Saul, vor Hass blind, nennt ihn "Sohn eines entarteten und aufsässigen Weibes" (1 Sam 20,30). Es war wohl immer schon so, dass Mütter verantwortlich gemacht wurden, wenn die Kinder in den Augen der Väter nicht nach ihrem Willen gerieten. Oder hat hier eine Mutter ausnahmsweise ihre Kinder den Widerstand gelehrt, der nötig ist, um in einer Männerwelt, die nur allzu oft Krieg als "Lösung" von Problemen kennt, andere, lebendige Wege zu gehen?

Durch ein Fenster hinuntergelassen

Aber durch ein Fenster wurde ich in einem Korb die Stadtmauer hinuntergelassen, und so entkam ich ihm. (2 Kor 11,33)

Eine gute Figur machte er gewiss nicht, als er in einem Korb an der damaszenischen Stadtmauer hinuntergelassen wurde: der große Völkerapostel Paulus. Aber er kam mal wieder davon.
Er ist ein "Unverständiger". Er ist Apostel Jesu, des Messias. Er ist Arbeiter. Er ist Liebhaber. Er ist Narr. Er ist Hebräer, Israelit, Nachkomme Abrahams ... – und er ist ein Schiffbrüchiger. Ein Stümper im Reden, obschon man ihm das nicht so recht glauben will. Er ist ein Verfolgter und Inhaftierter. "Aber durch ein Fenster wurde ich in einem Korb die Stadtmauer hinuntergelassen, und so entkam ich." (2 Kor 11,33)
Eine autobiographische Angabe. Paulus macht sie im Zweiten Korintherbrief. Er befindet sich auf einem "Feldzug", in einem "Kampf". Er zerstört Bollwerke, schleift Festungen, reißt Gebäude nieder. Er kennt sich aus in Begriffen des Kriegshandwerks. Die Worte dafür stehen ihm leicht zur Verfügung (vgl. 2 Kor 10,4f.). Paulus kämpft gegen Gegner, die seine Arbeit herabsetzen wollen. Er wehrt sich gegen ihre Klügeleien, ihre hohen Gedankenkonstruktionen. Gegen ihren Ungehorsam. Auch gegen den Versuch, ihn klein zu machen: Sein persönliches Auftreten sei schwach und reden könne er auch nicht – im Gegensatz zu seinen wuchtigen Briefen.
Paulus ist verletzt. Er reagiert scharf. Die Vorwürfe, die ihm zugetragen werden, steckt er nicht kalt weg. Seine Eifersucht, so schreibt er, ist angestachelt. Immer leidenschaftlicher steigert er sich in eine große Verteidigungsrede. Voll Zorn. Voll paradoxaler Ausdrucksweisen. Charismatischer Genialität. Tiefer Spiritualität. Ein Höhepunkt antiker Briefliteratur. In seiner "Narrenrede", wie sie auch in Anspielung auf ironische Selbstaussagen des Apostels genannt wird, zählt er seine Nöte auf, die

er als "Diener des Messias" erlitten hat. Er nennt die Mühen, Einkerkerungen, Prügel, Todesgefahren, Schiffbrüche, Gefahren überall, schließlich die Sorgen um die Gemeinden. Das alles nennt er "seine Schwachheit". Deren rühmt er sich. Wer hat mehr zu bieten?, fragt er höhnisch seine "starken" Gegner. Sie berufen sich auf Beziehungen zu Aposteln.

Am Ende dieser großen Aufzählung seiner Mühen steht die kleine Notiz von seiner Rettung in einem Korb an der Stadtmauer von Damaskus. Wie einst die Kundschafter aus Jericho oder später David, so entkommt Paulus seiner Verhaftung durchs Fenster. In sich ist dieser Vorgang der Flucht durchs Fenster in einem Korb eher blamabel - die Kundschafter von Jericho stiegen noch sportlich an einem Seil hinab. In der römischen Armee bekam der Erstbesteiger einer feindlichen Mauer die "Corona muralis" (Mauerkrone) verliehen (Hinweis von J. Kremer, 2. Korintherbrief, 101). Aber Paulus ist eben ein anderer "Krieger" und "Kundschafter". Er bejaht seine "Ohnmacht, alle Misshandlungen und Nöte, Verfolgungen und Ängste, die ich für Christus ertrage; denn wenn ich schwach bin, dann bin ich stark" (2 Kor 12,10). Dass Paulus diese schwache Fensterflucht selbst erzählt (in den Überlieferungen der Apostelgeschichte ist die Flucht auch erwähnt, aber ohne Fenster), macht seine Größe aus.

Auch er würde lieber stark sein, so bekennt er selbst. Ihn schlägt aber ein Bote Satans mit Fäusten, schreibt er notvoll und sehr bildhaft. Dreimal habe er den Herrn angefleht, dass der Bote Satans von ihm ablasse. Aber die Antwort sei einfach: "Du hast genug an meiner Gnade; denn die Kraft kommt in der Schwachheit zum Ziel." (2 Kor 12,7-10) Paulus ist kein Masochist, der Ohnmachtsgefühle verherrlicht. Er ist ein "Narr". Ein biblischer zumal. Und diese biblischen Narren haben alle – angefangen von Abraham bis hin zu Jesus – erfahren, wie mörderisch die Starken dieser Welt sind. Wie ihretwegen andere leidvoll leben müssen. Zur solidarischen Kraft Gottes mit den Schwachen gibt es keine wirkliche Alternative. Das wissen auch die Welt-Mächte. Deshalb verfolgen sie alle, die für diese Wahr-

heit einstehen, belagern sie, kontrollieren sie und versuchen sie allzu oft zu liquidieren.
Doch manchmal sind die "Kinder des Lichts" doch klüger als die dunklen Verfolger. Manchmal geht ihre List auf. Ein schwankender Korb, hinuntergelassen durch ein Fenster in einer Stadtmauer, wird zur rettenden Arche. Die dummen Gesichter der Bewacher und die Rüge für ihre Unachtsamkeit dürfen im Ostergelächter der "Schwachen" verspottet werden. Zum Aufbau der Gemeinde.

Leben im Gegenlicht

Wir haben Teil am Licht,

aber wir sind nicht

das Licht selbst.

Konturen

Das Fenster zeigt uns seine Farben. Jede Farbe ist in einen Bleistreifen gefasst. Durch ihn dringt kein Licht. Er macht die Konturen des Glases deutlich: Bis hier geht es, dann beginnt ein anderes Stück. Er hält das Glas fest und gibt ihm seinen Platz. Er verbindet es mit anderen Glasstücken. Ohne Blei fällt das Fenster auseinander. Durch das Blei wird es in seinen Grenzen und in seinen Beschränkungen sichtbar.

Mehr noch: Das Blei trägt selbst zur Wirkung des Ganzen bei. Der Glaser bringt es nicht willkürlich an. Er nimmt es auf in die Wirkung des Lichts. Je heller das Licht, desto dunkler das Blei. Das sagt etwas über unsere eigene Beschaffenheit aus, über unsere Beziehung zu den Dingen, zu den Mitmenschen und zu uns selbst, und über unser Verhalten in der Gegenwart des Lichts. Die Dinge sind begrenzt. Der Mitmensch hat seine Grenzen. Wir haben unseren eigenen Ort. Und doch ist alles miteinander verbunden. Die Grenze trennt nicht nur, sie verbindet auch.

Und sie schafft Ordnung. Wenn wir das nicht anerkennen und dem zustimmen, läuft alles durcheinander.

Blei und Licht machen das deutlich: die Ordnung, die Abgrenzung, die gegenseitige Abhängigkeit, die Verbundenheit, die Eigenheit und den Unterschied.

Im Buch der Schöpfung steht, dass es ein Licht gibt, das allem anderen vorangeht (Gen 1,3). Erst danach kommt das Licht der Sonne, des Mondes, der Sterne. Der Dichter sieht es als ein ursprüngliches Licht. Licht aus sich selbst, eine Wirklichkeit für sich. Auf dem Hintergrund dieses Lichtes können die Konturen der ganzen weiteren Schöpfung deutlich werden.

Wer von innen auf das Fenster blickt, hat immer Gegenlicht. Wer versucht, von außen auf das Fenster zu schauen, hat ein totes Fenster vor sich und ein Chaos von Linien.

Wir sind manchmal auf Gegenlicht angewiesen, um Wesentliches der Dinge zu erkennen. Auch beim Mitmenschen und bei uns selbst. Gott jedoch kann nicht gesehen werden. Es gibt kein Gegenlicht, das ihm Gestalt geben könnte. Im Gegenteil: Erst in

seinem Licht erkennen wir die Dinge in ihrem wahren Wert, auch den Mitmenschen und uns selbst. Gott selbst aber wird nicht gesehen.
Um die Ordnung des Fensters, seine geordnete Bildwelt zu erkennen, müssen wir in den heiligen Raum der Kathedrale hineingehen. Das dunkle Blei hat viel zu sagen: vor allem, wenn das Licht draußen sehr hell ist. Es stellt uns die Frage: Wo liegt deine Begrenzung? Was hältst du fest? Was verbindet dich mit anderen? Was ist dir eigen? Wie ist deine Gestalt? Und die wichtigste Frage: In welchem Gegenlicht siehst du dich selbst? Dabei ist seltsam, dass wir das Blei erst im Licht richtig sehen können. Das Blei, das Licht nicht durchlässt. Aber doch alles zusammenhält.

Farben

Die Farben machen das Glasfenster aus. Sie locken uns an, auf das Fenster zu schauen. Wir wissen eigentlich nicht warum. Aber was ist eine Kathedrale ohne farbige Fenster? Was sind die Dinge ohne ihre Farben? Um Farben zu sehen, brauchen wir Licht.
Bevor das Licht da war – so steht geschrieben –, war alles Angst machend, dunkel (Gen 1,2). Das Licht vertreibt die Angst. Zugleich setzt es dem Angstmachenden seine Grenze und seinen Raum.
Ein Rabbi erklärt, warum die Farben entstehen mussten. Gott ist reines Licht, strahlendes Licht, zu stark für unsere Augen und für unser Herz. Darum teilte Er dieses allzu strahlende Licht in viele, viele Farben. Jeder Farbe schenkte Er eine eigene Empfänglichkeit für sein Licht. So gibt es viele Arten von Empfänglichkeit, und jede Farbe sagt uns etwas über das göttliche Licht.
Durch die Farbe wird das Licht für uns erträglich, sodass wir es genießen und sogar damit spielen können. So wie die Farbe nicht mit dem Licht selbst verwechselt werden darf, so sollen wir die Dinge, Menschen und uns selbst nicht mit Gott verwechseln. Wir sind seine bunte Vielfalt.
Und Er sah, dass das sehr gut war. Er sah es in seinem eigenen Licht, nicht in dem Licht, das er geschaffen hatte.
Indem das Fenster uns seine Farben sehen lässt, beginnt es vom Licht zu erzählen. Auf eine besondere Weise wird das Fenster zur Wohnung des Lichts. Aber immer so, dass wir das Licht nicht greifen können.
Wenn wir ein Stück Glas aus dem Fenster herausnehmen, ist das Fenster tot und das Glasstück auch. Das Glasfenster zeigt uns die Farben als ein durchscheinendes Licht. Aber so, dass dieses Licht uns nicht blendet. Das Fenster schenkt uns das Licht im menschlichen Maß. Und doch wird es uns manchmal zu viel, vor allem, wenn die volle Sonne durch das goldene Gelb fällt. Gerade dann merken wir – an unseren Augen -, dass wir Menschen sind: Wir haben teil am Licht, aber wir sind nicht selbst das Licht.

Der Regenbogen

Die Fenster haben alle Farben des Regenbogens. Gott ließ nach der Sintflut durch den Nebel, der vom Wasser her aufstieg, das Licht fallen. So setzte er seinen Bogen an den Himmel. Alle Schattierungen seines Lichts: Anwesenheit. Daran erinnert das Glasfenster gerade dann, wenn es das Licht in all seiner Herrlichkeit auffängt und Gottes Licht zur Anwesenheit bringt. Dadurch öffnet es auf eine ganz besondere Art die Umschlossenheit unseres Lebens und die Finsternis unseres geheimnisvollen Seins. Vieles in unserem Leben und in unserem Sein ist noch wüst und leer, Wirrwarr und Verwirrung. Und häufig weht darüber ein erschreckender Wind.
Aber über dem Wasser schwebt Gottes Geist. So bricht sich – durch die Mauer – Gottes Licht für den, der in die Kathedrale hineingeht. So geht der Regenbogen auf über dem dunklen, unruhigen Wasser. Wenn wir zu Grabe getragen werden, bittet die Gemeinde, dass wir nicht in bodenlosem Abgrund versinken. Die Regenbogenfenster bedeuten, dass das nicht geschehen wird. Denn Gott sagt: Ich werde das Leben nicht zum zweiten Mal vernichten (Gen 9,11). Der Bogen des Lichts ist dafür der bleibende Beweis.
Das Fenster sagt: "Tu du nicht, was Gott nicht tut. Lass das Licht weiterhin für die Lebenden hindurch, jetzt, wo sie den Toten hinaustragen. Lösch das Licht nicht für die Lebenden. Versinke nicht selbst in den Abgrund, vor dem der Bogen deine Toten behütet. Bleibe im Ganzen und löse dich nicht von uns. Lass das Licht, zu dem du bestimmt bist, durch dich hindurchleuchten."
Das Licht sagt uns unsere Bestimmung an.
In einem Lied heißt es: "Licht, das mich am Morgen anstößt". Es öffnet die Verschlossenheit unseres Seins. Unserer Nacht.

Wechselndes Licht

Die Fenster sind die Edelsteine der Kathedrale. Sie fangen das Licht auf und erschaffen es neu, damit es für unsere menschlichen Augen erträglich und anschaubar wird.
Das Licht vollzieht täglich eine umfassende Bewegung rund um die Kathedrale. Man kann ihr sehr gut folgen: vom Morgengrauen bis zum Abendrot. Genau in dieser Bewegung des Lichts vom Aufgang zum Untergang liegt eine große Spannung.
Dieser Umlauf des Lichts ist auch ein Symbol unseres Lebenslaufes, der anfängt, sich entfaltet, seinen Höhepunkt erreicht und dann abfällt. Unser Lebenslauf ist kein gleichmäßiges und einfarbiges Geschehen. Wenn wir uns die Mühe machen, in unseren eigenen heiligen Raum hineinzugehen und unser Leben von innen heraus gegen das Licht zu halten, dann wird deutlich, dass jede Lebensphase ihren eigenen Höhepunkt hat.
Wenn wir morgens früh in den Dom kommen, haben die Ostfenster – die Fenster unseres Ursprungs – ihren vollen Schein. Die anderen Fenster nehmen teil an diesem Licht wie an einem Versprechen. Kommen wir etwas später, dann ist das Licht frisch, zart und beinahe zerbrechlich. Sind wir mittags da, dann bringt das Südfenster – der Höhepunkt unseres Lebens – ein eigenes Licht. Niemals ist das Licht so klar, sind die Farben so hell und die Konturen so deutlich. Geht es auf den Abend zu, wird das Licht sanft und bescheiden. So kann es nur aus dem Westen aufscheinen: von den Enden her, von dort, woher Er einmal erscheinen wird.
So ist es, wenn wir unser Leben ins Licht halten. Leben bedeutet, eingeweiht zu werden in die Dinge des Menschen und die Dinge Gottes. Einweihung geschieht dort, wo ewiges Licht auf unseren Lebenslauf fällt. Dieser wird dann mit der Ewigkeit verbunden und zugleich auch von ihr getrennt durch die dünne Wand unserer Endlichkeit. Das Fenster lässt uns ahnen, dass diese Trennwand eine Wand zum Licht ist.
Unsere Einweihung ist auch Mitvollziehen des großen Umlaufs des Lichts, bis dass der Abend fällt und die Nacht kommt. Dann müssen wir durch den winterlichen Norden den dunklen Weg zu

einem anderen Land gehen.
Und sonderbar: In jeder Lebensphase geht es um das gleiche Licht.
Es fällt nur durch ein anderes Fenster. Und hat andere Farben.

Darum trat sie ans Fenster und betete ...

Darum trat sie ans Fenster und betete: Gepriesen seist du, Herr, mein Gott. Gepriesen sei dein heiliger und ehrwürdiger Name in Ewigkeit. Alle deine Werke sollen dich ewig preisen. (Tob 3,11)

Mit sieben Männern war sie verheiratet (worden). Doch alle, die zu ihr ins Brautgemach gingen, starben noch in derselben Nacht. Verständlich, dass sie in den Verdacht gerät, eine männermordende Frau zu sein (vgl. Tob 3,8). So jedenfalls beschimpfen sie die Mägde ihres eigenen Vaters und wünschen ihr den Tod: "Wenn sie (die Männer) schon sterben mussten, dann verschwinde du doch mit ihnen. Hoffentlich bekommen wir nie einen Sohn oder eine Tochter von dir zu sehen." (Tob 3,9) Bestreitung jeder Zukunft.
Sara, die Tochter Raguëls in Ekbatana, dem heutigen Hammadan/Persien, ist verzweifelt. Wer soll noch an die Unschuld der jungen Frau glauben? Wer soll wissen, dass nicht sie die Männer getötet hat? "Der böse Dämon Aschmodai hatte sie alle getötet" (Tob 3,8), interpretiert der biblische Erzähler. Aber wer die Ursache allen Übels bei Frauen sucht, wird in ihr selbst den Dämon sehen. Das Schicksal Saras scheint besiegelt. Es ist eine Frage der Zeit, wann die öffentliche Meinung, der brutalste Dämon, sie in den Tod treiben wird. Sara, zutiefst traurig über die Vorwürfe der Mägde, wünscht sich den Tod: Sie will sich erhängen (Tob 3,10). Selbst will sie Hand an sich legen, weil ihr die abweisende, feindliche Atmosphäre im Haus ihres Vaters die Luft abschnürt. Aber es ist gerade der Gedanke an ihren Vater und an die Schande für die Familie, der sie davon abhält, sich selbst den Tod zu geben. Sie ist die einzige Tochter. Und der Vater ist alt. Kein anderes Kind ist da, das ihn beerben könnte. Kein Sohn. Und die Mutter scheint tot. Alle sind Gefangene in einem fremden Land. Verständlich auch, dass der alte Mann die Tochter nicht hergeben will an einen Schwiegersohn. Der

"Dämon" des Festhaltens, des Nicht-Loslassen-Wollens sitzt fest in diesem "Vaterhaus". Überall Exil. Überall Enge und kein Zuhause.
Nur noch eine Öffnung hat dieses Haus für Sara: das Fenster. Einen Ausweg: das Gebet. "Darum trat sie ans Fenster und betete ..." (Tob 3,11) Es wird jenes Fenster nach Westen, nach Jerusalem sein, an das auch Daniel in seinem Obergemach tritt (siehe dort). Es war in der jüdischen Diaspora oft die einzige Verbindung in die Heimat: das offene Fenster des Gebets. Das Fenster der Sehnsucht in der Fremde. Der Ort der Not-Wende. Denn durch dieses Fenster tritt Sara in die alte Gebetstradition Israels im fernen Jerusalem. Und verbindet sich so mit einer Quelle, die noch fließt. Trotz der Not – oder gerade in ihr.
"Baruch atah, Adonai Elohenu ..." ("Gesegnet bist du, Herr, unser Gott ...") – so beginnen viele jüdische Gebete, die Segensgebete zumal. Aber Sara betet nicht "unser Gott". Sie sagt: "Mein Gott." Die Tradition gibt ihr Worthilfe. Sie aber füllt sie mit ihrer Not. Der Gott der Mütter und Väter wird auf diese Weise ihr Gott – Herr über Leben und Tod. In ihrem Gebet richtet sie sich an diesen Gott: "Gesegnet sei dein heiliger und ehrwürdiger Name in Ewigkeit. Alle deine Werke sollen dich ewig preisen. Nun aber, Herr, habe ich meine Augen und mein Gesicht dir zugewandt. Lass mich von dieser Erde scheiden, damit ich nicht länger solche Beschimpfungen hören muss ..." (Tob 3,13) Auch Todeswünsche haben einen Ort im Gebet – am offenen Fenster. Besonders da, wo das Leben eng und bedrängend, tödlich bedrängend geworden ist.
Im Gebet erzählt Sara Gott ihre Not. Sie weiß sich unschuldig an dieser Situation. Keine falschen Schuldgefühle lässt sie sich einreden, keine Unterwürfigkeit, die nicht echt ist.
Zuvor und parallel zum Gebet der Sara haben wir vom Gebet des alten Tobit, Vater des Tobias, erfahren. Auch er sieht sich ungerechten Vorwürfen gegenüber. Höhnisch fragt ihn, den Gerechten, seine Frau Hanna: "Wo ist denn der Lohn für deine Barmherzigkeit und Gerechtigkeit? Jeder weiß, was sie dir ein-

gebracht haben." (Tob 2,14) Wie bei Sara lösen solche Anwürfe auch bei Tobit Todeswünsche aus. Doch wie anders ist sein Gebet, seine Bitte: "Straf mich nicht für die Sünden und Fehler, die ich und meine Väter dir gegenüber begangen haben ..." (Tob 3,3) Der alte Mann, mit einem Blick auf sein langes Leben und das Leben seines Volkes, weiß um Schuld und Sünde. Er weiß, dass im Blick auf das eigene Leben und das Leben des Volkes nur die Barmherzigkeit Gottes retten kann. Rettung aber heißt für ihn: Rückkehr in den Staub. "Lass mich jetzt aus meiner Not zur ewigen Ruhestatt gelangen." (Tob 3,6)
Kunstvoll hat der Erzähler der Tobit/Tobias-Legende die Gebete des alten Mannes und der jungen Frau, des "gerechten Sünders" und des zu Unrecht verdächtigten Mädchens, nebeneinander gestellt. Wahrscheinlich betet auch Tobit in Richtung Jerusalem – aber draußen, vor seinem Haus. Bei Sara wird ausdrücklich das Fenster im Obergemach erwähnt (vgl. Tob 3,17). Für das Tobit-Buch ist die Welt voll guter und böser Geister. Welchen öffnet sich der Mensch? Die Rettung kommt durch die "Majestät" des großen Rafael (= Gott heilt). "Er wurde gesandt, um beide zu heilen: um Tobit von den weißen Flecken auf seinen Augen zu befreien und um Sara ... mit Tobits Sohn Tobias zu vermählen und den bösen Dämon Aschmodai zu fesseln." (Tob 3,17) Geheilt werden in der Folge auch alle anderen: Saras Vater und seine Mägde von ihren dunklen Phantasien. Hanna, Tobits Frau, von ihrem Zweifel, ob es denn einen Lohn für Barmherzigkeit und Gerechtigkeit gibt. Und der junge Tobias lernt durch seinen Begleiter/Engel, dass eine Gefahr, die verschlingen will (ein Fisch), keine Chance hat, wenn sie nur beherzt angepackt wird. Im Gegenteil: Genau betrachtet, beinhaltet sie viele Heilungskräfte (vgl. Tob 6,3ff).
Insgesamt ist die Tobit-Erzählung ein wunderschönes Gebet-Buch, verbunden mit einer ermutigenden Geschichte. Gebet aber war oft die letzte Öffnung, das letzte Fenster, um eigene Not hinauszuschreien. Im Gebet sind Menschen aus ihrer Todessehnsucht zurückgekehrt ins Leben: "Und Tobit kehrte zur

gleichen Zeit in sein Haus zurück, als Sara, die Tochter Raguëls, aus ihrem Zimmer herabkam." (Tob 3,17)
Charme des Engels: Während Sara und Tobias ihre Flitterwochen genießen, sorgt er fürs Geschäftliche. Er holt im weiter östlichen Rages (heute bei Teheran) das Geld, dessentwegen Tobias auf die Reise geschickt worden war.

Die Fenster nach Jerusalem hin offen

Als Daniel erfuhr, dass das Schreiben unterzeichnet war, ging er in sein Haus. In seinem Obergemach waren die Fenster nach Jerusalem hin offen. Dort kniete er dreimal am Tag nieder und richtete sein Gebet und seinen Lobpreis an seinen Gott, ganz so, wie er es gewohnt war. (Dan 6,11)

Geöffnete Fenster können verdächtig sein. Vor allem, wenn man dahinter einen betenden Menschen vermutet. Die Fenster sind offen. Im Obergemach. Nach Jerusalem hin. Damit das Gebet eine Richtung hat. Zum Ort der Sehnsucht. Zur heiligen Stadt. Gebete aus dem Exil sind tiefer, auch wehmütiger. Zumal wenn die Bedrängnis groß ist. Und sie ist groß für Daniel, das Opfer einer Intrige.

Er hat es weit gebracht im Reich "der Meder und Perser", unter der Herrschaft des Darius. Er gehört zu den drei obersten Beamten. Ihnen sollen hundertzwanzig Satrapen verantwortlich sein. Sollen Rechenschaft ablegen, "damit der König keinen Schaden erleide" (Dan 6,3). Um sie dreht sich alles. Ihren Einfluss suchen die weniger Mächtigen. Das uralte Spiel bei Hofe: Wer hat das Ohr des "Königs der Könige"? Aber auch der scheinbare Allherrscher ist eine Marionette im System uralter Machenschaften. Es hat sich so wenig geändert - bis heute.

Einer zeichnet sich vor allen anderen obersten Satrapen und Beamten aus. Ist er noch härter, intriganter, brutaler ...? In ihm steckt ein außergewöhnlicher Geist, sagt die Erzählung. Das fällt selbst dem König auf. Und offenbar löst das keine Ängste bei Darius aus. Das wäre immerhin möglich. Denn Kleingeister in hohen Stellungen machen das gerne: Sie verbannen alles Kluge aus ihrer Nähe, damit ihre eigene Unfähigkeit nicht auffällt. In der Umgebung hoher Machthaber befinden sich oft die dümmsten (aber nicht weniger brutalen) Köpfe. Eine Katastrophe für die Völker, die so regiert werden. Immerhin hat Darius (noch) einen Blick für das ungewöhnliche Talent in seiner Nähe.

Er erwägt, Daniel zum höchsten Beamten des ganzen Reiches zu machen. Das spricht sich herum und löst Neid aus. Rivalität. Aber was tun, wenn die Amtsführung tadellos ist? Trotz allen Suchens der "obersten Beamten und Satrapen" (eine breite Koalition der Gernegroße) finden sie keinen Grund zur Anklage, "denn er (Daniel) war zuverlässig; keine Nachlässigkeit und kein Vergehen konnte man ihm nachweisen" (Dan 6,5). Also dann anders.
Religion war immer schon geeignet, Menschen zu diskriminieren. Zu verdächtigen. Vor allem in Verbindung mit Politik. Auch, wenn man die eigentlichen Gründe nicht nennen will. "Da sagten jene Männer: Wir werden keinen Grund finden, um diesen Daniel anzuklagen, es sei denn, wir finden gegen ihn etwas wegen des Gesetzes seines Gottes." (Dan 6,6) Weisheit ist nicht in ihnen. Aber schlau sind sie. Und so viel wissen sie vom Judentum, dass "das Gesetz seines Gottes" die Mitte seines Lebens ist. Ein Dekret, das der ahnungslose (!) König unterschreibt, soll Daniel (und natürlich alle Juden im Reich) treffen: "Jeder, der innerhalb von dreißig Tagen an irgendeinen Gott oder Menschen außer an dich, König, eine Bitte richtet, soll in die Löwengrube geworfen werden." (Dan 6,8) Natürlich hat hier die Erzählung karikierende Züge, weiß sie doch über den guten Ausgang und das blamable Ende der Hofschranzen.
Für den Erzähler aber bietet sich die Gelegenheit, eine Mut- und Trostgeschichte für bedrängte Juden zu schreiben, um ihnen dabei die Kraft des Gebetes zu zeigen. Der außergewöhnliche Geist des Daniel offenbart sich nämlich vor allem und zuerst darin, dass er weiß, wo er hingeht, als er die Intrige erfährt: ans offene Fenster. Auf Jerusalem zu. Der Ort, wo sein Gott wohnt. Er tut es in alter liturgischer Ordnung: in einem Raum mit Fenstern (vgl. Berachot 31a). Nicht aufgeregt und unkontrolliert. Auch nicht den ganzen Tag: "Dreimal am Tag kniete er nieder und richtete sein Gebet und seinen Lobpreis an seinen Gott, ganz so, wie er es gewohnt war." (Dan 6,11) Der babylonische (!) Talmud weist die Meinung zurück, diese Gebetsordnung habe

erst im Exil begonnen, d.h. Daniel kannte sie schon aus der Tradition. Daniel ist im besten Sinne ein Gewohnheitsbeter! Er hat immer schon gebetet, auch vor dem Exil. Jetzt, in der Not, hat er einen Ort (das offene Fenster), eine Richtung (Jerusalem), feste Zeiten ("dreimal am Tag") und eine gute Gewohnheit, die ihm hilft, gegen die chaotischen Gefühle der Angst eine Ordnung zu pflegen. Alt und bewährt. Deshalb, so betont der Talmud, verteilt sich das Gebet auf die drei Tageszeiten: abends, morgens und mittags. Und der jüdische Kommentar erinnert an Ps 55,18: "Am Abend, am Morgen, am Mittag seufze ich und stöhne; er hört mein Klagen."
Für Menschen in einer feindlichen Umgebung kann das laute Gebet, das Klagen und Stöhnen zumal, lebensgefährlich werden. Das Judentum hat über die Jahrtausende hinweg an vieles denken müssen. Besonders in der Verfolgung. Auch beim Gebet. Von daher stellte sich u.a. die Frage, mit welcher Stimme denn die täglichen Gebete zu sprechen wären. Hörten die Spitzel Daniel beten? Sahen sie ihn? Reichte schon das nach Jerusalem hin geöffnete Fenster für einen Verdacht? Jedenfalls zeigt das offene Fenster, dass sich Daniel nicht verschließt und von Gott die totale Öffnung der Situation erwartet. Der Talmud schreibt vor, dass - ähnlich wie Hanna, die Mutter des späteren Propheten Samuel (vgl. 1 Sam 1,13) - der Beter/die Beterin nur die Lippen bewegen, ihre Stimme aber nicht zu hören ist. Das kann lebensrettend sein. Aber Daniels Tun am Fenster ist so offenbar - ob leise oder vernehmbar -, dass die Spitzel ihn finden, "wie er zu seinem Gott betete und flehte" (Dan 6,12).
Auch hier erwägt der jüdische Kommentar noch einmal, was zuerst gebetet wird, die offiziellen Sprüche des Achtzehngebets oder die persönliche Bitte. Und er kommt zu dem Schluss, dass erst die Segenssprüche gesprochen werden - und dann kann der Beter sein Herz ausschütten, so lange er will. Auch das zeichnet jüdisches Beten aus: Es hat in aller Not und bei aller Klage und Bitte immer dem Lobpreis, der Anbetung den gebührenden Raum gegeben. Trotzig manchmal und mit harten Backenknochen.

Fast als Vorwurf an den, dessen Name doch Rettung bedeutet und dessen Treue verlässlich ist: "Du bist doch der Fels unseres Heils, der uns loskauft und uns rettet - von Ewigkeit ist es dein Name, und es gibt keinen Gott außer dir." (Übersetzung: R. Mayer) Sie stehen noch in der Not und doch loben sie ihn schon, als seien sie gerettet. Noch sind sie mitten im Feuerofen und doch wird ihr Lob laut - "denn ewig währt seine Güte" (Dan 3,51-90).

Wer sich so im Gebet ordnet und festmacht, braucht keine Anzeige zu fürchten, auch wenn die Gesetze der Meder und Perser "unwandelbar" sind und die Anordnungen des Königs fest stehen. Sehr peinlich ist dem König die ganze Sache, "... und er dachte nach, wie er Daniel retten könne". Die späteren, neutestamentlichen Evangelisten haben Pilatus ähnlich gezeichnet: Gefangener seiner Anordnungen und damit erpressbar. Jedenfalls schwach. Daniel landet in der Löwengrube. Ein Nach-Ruf des Königs folgt ihm: "Möge dein Gott, dem du so unablässig dienst, dich erretten." Der Wunsch ist ernst gemeint und geht in Erfüllung.

Eine Ostergeschichte folgt: mit versiegelter Löwengrube (Grab), mit eiligem Gang des Königs zur Grube, "als es gerade hell wurde", mit dem Engel, der den Rachen des Löwen (des Todes!) verschlossen hat, und toten Totengräbern am Ende. Gottes "Ehrenname" (H. Schlier) aber bestätigt sich erneut - wie schon bei den drei jungen Männern im Feuerofen: Er ist der lebendige Gott, der rettet und befreit. In diese Tradition stellten die Evangelisten auch den zu Grabe getragenen und auferstandenen Jesus, den Daniel ihres Glaubens. Gerettet aus den "Tatzen" des Todes. Früh am Morgen, als es gerade hell wurde.

Einige beugten sich aus den Fenstern hinaus...

Die Frauen zogen Trauerkleider an, die die Brüste freiließen, und drängten sich auf die Straßen. Von den jungen Mädchen aber, die man sonst eingeschlossen hielt, liefen die einen an die Türen, die anderen auf die Mauern; einige beugten sich aus den Fenstern heraus. (2 Makk 3,19)

Unverheiratete, junge Mädchen dürfen auch zum öffentlichen Gebet nicht auf die Straße. Da bleibt ihnen nur das Fenster. Die Geschichte beginnt wie ein Märchen und endet wie ein Märchen. Der Erzähler hat zuvor schon zugegeben, dass er "nur nacherzählen" will. Eine "genaue Ausarbeitung nach den Regeln der Geschichtsschreibung" komme dabei zu kurz (2 Makk 2,31). Das überlässt er anderen, wie er selbst zugibt. Allerdings habe ihn das auch "Schweiß und durchwachte Nächte gekostet" (2 Makk 2,26). Den großen Erzählbogen bilden Legenden um den Makkabäer Judas und seine Brüder: ihre Geschichte gegen den Tempelschänder Antiochus Epiphanes (175-164 v.Chr.). Es geht um die Befreiung Jerusalems, die Wiedereinsetzung der Thora und des reinen Tempeldienstes.
Am Anfang ist alles in großer Harmonie: "Die Bewohner der Heiligen Stadt lebten in tiefem Frieden und hielten die Gesetze aufs Treueste; denn der Hohepriester Onias war ein frommer Mann und hasste alles Böse." (2 Makk 3,1) Offensichtlich ist das nicht selbstverständlich. Wir lesen in der Folge auch ganz andere Geschichten (vgl. 2 Makk 4,24). Korruption, Käuflichkeit und Machtgerangel haben nie vor den Toren der Heiligtümer Halt gemacht. Und Wallfahrtsorte, wie auch die Heilige Stadt Jerusalem, sind offenbar besonders gefährdet – bis heute. Vor allem, wenn die Geschäfte gut gehen. So ist es denn auch nicht heiliger Eifer um einen besonders korrekt durchgeführten Tempeldienst, der den Frieden in Jerusalem gefährdet. Der Tempelvorsteher – ein gewisser Simeon – entzweit sich mit dem Hohenpriester Onias wegen der Marktordnung in der Stadt.

Wallfahrtsorte sind (auch) Wirtschaftsunternehmen. Handfeste Interessen der führenden Familien spielen dabei ständig eine wichtige Rolle. In der erzählten Zeit ist der Tempel überdies Bankinstitut - auch für hinterlegte Gelder von Witwen und Waisen. Das löst Phantasien über die Höhe des Tempelschatzes aus. Und Begehrlichkeit. Die kann man durch falsche Gerüchte wecken. Simeon, der Tempelvorsteher, "arbeitet" damit. Seine Intrige hat Erfolg. Seleukus, König Asiens, ein Nachfolger Alexander des Großen, schickt seinen Kanzler Heliodor nach Jerusalem, um seine Staatskasse aufzufüllen. Als die Sache ruchbar wird, "geriet die ganze Stadt in nicht geringe Bestürzung" (2 Makk 3,14).
Der Erzähler gestaltet eine hochdramatische Szene, die ganz für den Hohenpriester und den Tempel Partei ergreift. "Die Straße" wird mobilisiert: "Die Leute stürzten in Scharen aus den Häusern heraus zum öffentlichen Gebet, denn dem Tempel drohte Schande." (2 Makk 3,18) Doch auch in dieser Situation dürfen nicht alle ihre Wohnung verlassen: "Von den jungen Mädchen aber, die man sonst eingeschlossen hielt, liefen die einen an die Türen, die anderen auf die Mauern; einige beugten sich aus den Fenstern heraus." (2 Makk 3,19) Auf die Straße oder in den Tempel dürfen sie auch jetzt nicht gehen. Doch wo immer die Menschen sich aufhalten: "Sie alle streckten die Hände zum Himmel empor und beteten flehentlich. Es war zum Erbarmen, wie die Menge sich in heillosem Durcheinander zu Boden warf und wie der Hohepriester sich in seinem Kummer so schrecklich ängstigte." (2 Makk 3,20f.)
Einmal mehr erweist sich das Fenster für die eingeschlossenen jungen Frauen als einzige Öffnung nach draußen, als Ort der Kommunikation. Sara (Tob 3,11) und Daniel (Dan 6,11) hatten ihr Gebet am geöffneten Fenster allein verrichtet. In dieser Erzählung nehmen die unverheirateten Mädchen am gemeinsamen Gebet der ganzen Stadt teil - öffentlich und von allen zu sehen. Das Chaos, durch den Übergriff Heliodors ausgelöst, öffnet fürs gemeinsame Gebet Türen und Fenster. Und anschlie-

ßend gibt es wieder Gesprächsstoff. Denn während des Gebets am Fenster können nebenbei einige Beobachtungen gemacht werden. So ist trotz allem das Ganze auch eine willkommene Abwechslung im geschlossenen Alltag des Hauses – zumal die Geschichte gut ausgeht.

Denn auch das wird noch lange hin und her besprochen: Heliodor erfährt eine wunderbare, wenn auch schmerzliche Bekehrung im Tempel. Schon steht er mit seiner Leibwache in der Schatzkammer, da lässt ihn "der Herr der Geister und aller Macht eine gewaltige Erscheinung" sehen, die ihm arg zusetzt. Ein goldener Reiter erscheint - er wird als Michael oder Georg oder später auch als Santiago durch viele Rettungsgeschichten geistern. Heliodor stürzt zu Boden. Ihm wird schwarz vor Augen. Der Mächtige wird hilflos hinausgetragen: "So lag er da, durch Gottes Macht gestürzt, der Sprache beraubt, ohne jede Hoffnung auf Rettung." (2 Makk 3,29) Was den einen sprachlos macht, löst den anderen, den Geretteten die Zunge: zum Lobpreis dessen, der seine Macht gezeigt hat. An die Stelle von Angst und Verwirrung tritt Freude und Jubel im Tempel über diese Offenbarung Gottes. Aber nicht genug: Onias, der Hohepriester, bringt für den Sterbenden ein Versöhnungsopfer dar – nicht ganz selbstlos, der König soll nicht etwa denken, Heliodor sei einem hinterhältigen Anschlag zum Opfer gefallen. Und der Herr schenkt Heliodor das Leben. Fortan wird er die Taten des "größten Gottes" verkünden. Jerusalem aber wird er in Zukunft nicht mehr betreten.

Mit einem mehr als ironischen Unterton endet diese Rettungsgeschichte des Tempels: "Als der König ihn fragte, wer geeignet sei, noch einmal nach Jerusalem geschickt zu werden, gab er zur Antwort: Wenn du einen Feind oder einen Hochverräter hast, dann schick ihn dorthin! Du kannst sicher sein, dass er geprügelt zurückkommt, wenn er überhaupt am Leben bleibt; denn an jenem Ort wirkt wahrhaftig eine göttliche Kraft. Er, der im Himmel wohnt, ist selbst der Wächter und Schützer jenes Ortes; und wer in böser Absicht dorthin kommt, den schlägt er nieder." (2 Makk 3,37ff.)

Solche Geschichten dienen auch der Abwechslung im Alltag eingeschlossener Mädchen. Und dass sich Gott des Tempels erbarmt hatte, daran hatten auch sie ihren Anteil, denn am Fenster hatten sie – die Hände zum Himmel empor gestreckt – an der alles wendenden Gebetsgemeinschaft der Stadt teilgenommen.

Getrennt vom Licht

Für uns Menschen existiert

unsere Dunkelheit durch

die Gnade des Lichts.

Trennwand

Die Fenster bilden die Trennwand, die Verbindung zwischen innen und außen. Sie sind eine farbige Trennwand, aber ihr farbiges Licht ist nicht ihr Eigentum. Gerade als Trennwand existieren sie durch die Gnade von Licht und Dunkel. Selbst tun sie nichts. Im Zusammenspiel des Lichts, das in sie fällt, und der dunklen Mauer machen sie das Dunkel dem Licht sichtbar und das Licht dem Dunkel.

Wenn du bereit bist, bei ihnen in die Lehre zu gehen, kann das an dir selbst auch geschehen. Du entdeckst dann, dass du das eigene Licht vom Dunklen unterscheidest, das in dir ist, und das eigene Dunkle vom Licht, das in dir wohnt. Auch für uns Menschen existiert unsere Dunkelheit durch die Gnade des Lichts und umgekehrt.

Es gibt viele Menschen, die am Licht zweifeln, besonders an dem wahren Licht, das in diese Welt kam, um jeden Menschen zu erleuchten, wie das Johannesevangelium sagt (vgl. Joh 1,9).

Sie haben zu viel Dunkelheit gesehen, um wirklich noch an das Licht glauben zu können. Doch scheint eine Ahnung von Licht vorhanden zu sein, da ihnen gerade deshalb die Dunkelheit so groß erscheint.

Andererseits gibt es viele Menschen, die fest an das Licht glauben, an das wahre Licht, das in diese Welt gekommen ist. Vielleicht erlebten sie so viel Finsternis, dass sie sich gerade deshalb nach dem Licht sehnen. Oder sie erfahren so viel Licht, dass sie nicht mehr an ihm zweifeln können.

Meistens geht es aber gar nicht um ein Entweder-oder. Sondern: "Einmal ist es dunkel und einmal ist es hell", sagt ein Liedvers.

Wenn der Winter kommt und die Tage sehr dunkel sind, verdunkeln sich alle Fenster. In diesem Halbdunkel werden die Fenster zur Wand. Sie werden eins mit der Wand. Und so ist es auch in den sehr dunklen Tagen unseres Lebens. Das Licht hat sich verborgen. Zwischen uns und dem Licht scheint eine Wand zu sein. Undurchdringlich.

Ist es ein Wunder, dass die niederländische Sprache das Wort "volledig" ("voll-leer") erfand? Wie dicht liegen die Dinge beieinander: Fülle und Leere. Das Licht braucht sich nur abzuschwächen. Dann fangen die Unterschiede an zu verlaufen. "Die Grenzlinie zwischen Leere und Fülle ist genauso unscharf wie die zwischen Zweifel und Glaube und zwischen Furcht und Liebe", sagt Roger Schutz.
In der dunklen Jahreszeit sind die Grenzen zwischen den Fenstern und der Wand, in die sie eingefügt sind, unscharf. So ist es auch in den dunklen Lebenstagen mit unserem Glauben. Wenn das Licht schwach wird, kann der Zweifel eine Äußerung des Glaubens werden. Wer kann darüber urteilen? Und wenn im Zweifel die Angst um das Licht zunimmt, wer soll dann ausmachen, ob nicht gerade in Zweifel und Furcht die Liebe wach ist?

Fenster schenken eine beschränkte Aussicht. Sie leisten ihre "Arbeit" nur dann, wenn das Licht wirkt. Wenn das Licht wirkt, sind sie "volledig": voll vom Licht und leer von sich selbst.
So geht es auch uns: Wer voll im Licht des Glaubens steht, ist ganz frei, ganz "leer" von sich selbst.

Vom Fenster meines Hauses, durch das Gitter, habe ich ausgeschaut

Vom Fenster meines Hauses, durch die Gitter, habe ich ausgeschaut; da sah ich bei den Unerfahrenen, da bemerkte ich bei den Burschen einen jungen Mann ohne Verstand: Er ging über die Straße, bog um die Ecke und nahm den Weg zu ihrem Haus; als der Tag sich neigte, in der Abenddämmerung, um die Zeit, da es dunkel wird und die Nacht kommt. (Spr 7,6-9)

Vom Fenster, durch das Gitter, sieht er den Unerfahrenen, "den jungen Mann ohne Verstand" (Spr 7,7). Nicht zufällig. Denn es ist die Zeit der Abenddämmerung, die Stunde der langen Schatten. Manche lieben sie, weil sie verbergen. Die Zeit der Unerfahrenheit. Der Versuchung. Vieles, was in dieser Stunde getan wird, lässt, bei Licht besehen, erschrecken. Aber dann ist es geschehen und nicht rückgängig zu machen.

Was sieht er, der sagenhafte Salomo, dessen sprichwörtliche Weisheit hier viele Jahrhunderte später festgehalten ist? Er sieht einen Burschen in der Stunde des Zwielichts über die Straße gehen und um die Ecke biegen. Wo geht ein junger Mann um diese Stunde hin? Was liegt oder steht hinter der nächsten Ecke? Denn nur bis dahin reicht sein Fensterblick. Nicht weiter. Das Folgende sieht seine Phantasie. So ist es oft: Von dem, was Menschen zu sehen meinen, ist der größte Teil vorgestellt. Fiktive Wirklichkeit. Woher wird sie genährt? Aus der eigenen Erfahrung. Aus Erzähltem. Gehörtem. Aufgeschriebenem. Gelesenem. Dazugedichtet. Befürchtet. Erwartet. "Augenzeugen" seien am wenigsten verlässlich, behaupten Richter/innen. Unsere Imagination zeigt uns immer mehr, als die Realität uns vor Augen stellt. Doch auch das gehört zur Realität.

Der Fensterblick geht also innerlich mit dem Burschen um die Ecke ins Verborgene: "Da! Eine Frau kommt auf ihn zu, im Kleid der Dirnen, mit listiger Absicht ..." Während von dem jungen

Mann nur gesagt wird, er sei "ohne Verstand" und "unerfahren", wird die Frau als die große Verführerin dargestellt. Sie "lauert", "packt", "küsst", hat in ihrem Haus schon alles vorbereitet, das Lager "mit Myrrhe, Aloe und Zimt" besprengt. Ungleiche Wertung: der unerfahrene, junge Mann. Die erfahrene, verführerische Frau. Schlimmer noch: Sie ist verheiratet. Mögliche Bedenken, sie könnten in flagranti ertappt werden, schiebt sie beiseite: "Mein Mann ist nicht zu Hause, er ist auf Reisen, weit fort." Und "den Geldbeutel hat er mitgenommen, erst am Vollmondstag kehrt er zurück."
Jetzt ist also kein Mond zu sehen. Lange, dunkle Nacht - Nächte des wachsenden Mondes. Liebesnächte. "Betört folgt er ihr." Sie hat ihn verführt. Jetzt ist er "wie ein Ochse, den man zum Schlachten führt, wie ein Hirsch, den das Fangseil umschlingt ..., wie ein Vogel, der in das Netz fliegt ..." Am Ende gehört er zu den "Erschlagenen, die sie gefällt hat; viele sind es, die sie ermordet hat, ihr Haus ist ein Weg in die Unterwelt, er führt zu der Kammer des Todes." Das ist eine starke Sprache, der Empörung und Unverständnis deutlich anzuhören sind, und doch auch eine Sprache mit einer großen erotischen Phantasie.
Diese Weisheit und "kundige Rede" hat kein Verständnis für die "Liebesschule", in die ältere, erfahrene Frauen junge Männer nehmen. In manchen Mythen der Völker wird diese "Liebesschule" verherrlicht, besonders dann, wenn die Frau eine Göttin oder auf den "Liebesmärkten" billig zu haben ist. In diesen Versen setzt sich jüdische Sprichwort-Weisheit auch mit fremder Ideologie auseinander, die im Gewand göttlicher Einweihungsriten in Höhlenheiligtümern daherkommt und die Moral des Volkes Gottes und seiner Thora untergräbt.
Vom Fenster aus hat der Weisheitslehrer in der Dämmerung die ersten Schritte eines jungen Mannes, unerfahren und ohne Verstand, gesehen. Den Rest sieht seine Phantasie. Gewächs aus dem uralten Boden menschlicher Erfahrung und allzu oft Bild eigener ungelebter Wünsche. Hängen geblieben im "vergitterten" Fenster. Und mit übler Nachrede auf (ältere) Frauen.

Kein Fenster, kein Ausblick

Mein Sohn, wache streng über deine Tochter, damit sie dich nicht in schlechten Ruf bringt, kein Stadtgespräch und keinen Volksauflauf erregt, dich nicht beschämt in der Versammlung am Stadttor. Wo sie sich aufhält, sei kein Fenster, kein Ausblick auf die Wege ringsum. (Sir 42,11)

Seine Weltsicht ist nicht gerade freundlich. Überall entdeckt er Probleme, Undurchsichtigkeiten. "Nur einer ist weise, höchst ehrfurchtgebietend: der auf seinem Thron sitzt, der Herr." (Sir 1,8) Zwar hat auch der Mensch Anteil daran, weil die Weisheit ausgegossen ist über alle Werke Gottes. Aber nüchtern stellt der Weisheitslehrer fest: "Den Menschen ist sie unterschiedlich zugeteilt, er spendet sie denen, die ihn fürchten." (Sir 1,10) Aber "mein Sohn, wenn du dem Herrn dienen willst, dann mach dich auf Prüfung gefasst!" Nein, das Leben – besonders das des Gottesfürchtigen – ist nicht leicht. Es braucht dazu schon ein "dickes Fell" (vgl. Gen 3,21).

Zur Mühsal, der täglichen, gehört auch die Verantwortung eines Vaters für seine Kinder, ob verheiratet oder unverheiratet. Diese und andere Sorgen bleiben bis zu dem Tag, da alles Leben zurückkehrt "zur Mutter aller Lebenden" (Sir 40,1). Misstrauisch ist der Weisheitslehrer. Um die Welt ist es übel bestellt (an manchen Stellen auch um seine "Weisheit"). Ängste bei allen: bei denen, die auf den hohen Thronen sitzen, und bei denen, die in Staub und Asche darben müssen. Ob Stirnreif oder Armenkleid – alle tragen in sich "Zorn, Eifersucht, Sorge und Schrecken, Todesangst, Zank und Streit" (Sir 40,5). Das raubt ihnen die Nachtruhe, verwirrt den Schlaf, löst Alpträume aus, "Vorspiegelungen der Seele". Und wenn der von seinen Phantasien Verfolgte aufwacht, "wundert er sich über die Angst um nichts". Angst macht bekanntlich dumm, sagt der Volksmund. Eine uralte Weisheit.

Viel Weisheit und Lebenserfahrung kommt im Sirach-Buch

zusammen. Und immer wieder wird die Gottesfurcht beschworen, neben der man keine andere Stütze zu suchen braucht (vgl. Sir 40,26). Aber trotz aller Weisheit, die mit Ratschlägen nicht spart und wie in einem Krug gesammelt ist, bleibt die gefährliche und gefährdete Seite des Lebens stets gegenwärtig und notvoll.

Besonders wichtig ist der gute Name, der über den Tod hinaus getragen wird (Sir 41,11ff.). Um der Ehre dieses Namens willen ist viel erlaubt. Denn dieser Name kann durch Fehlverhalten der eigenen Kinder gefährdet werden, der Söhne oder auch der Töchter. Deshalb: "Wer seinen Sohn liebt, hält den Stock für ihn bereit, damit er später Freude erleben kann." (Sir 30,1) Damit verbindet sich der wichtige Rat: "Lass ihn nicht den Herrn spielen in der Jugend; lass dir seine Bosheiten nicht gefallen!" (Sir 30,11) Dabei sind auch, wenn nötig, Schläge aufs Gesäß vorgesehen.

Die übergroße Sorge um den unbefleckten Namen, die Mühe, alles richtig zu machen vor Gott und den Menschen, verdunkelt das Hirn oft ebenso wie die Gleichgültigkeit. Löst böse Phantasien, schreckliche Träume aus, was denn geschehen soll, wenn ... Darunter haben nicht nur die "geschlagenen" Söhne zu leiden, sondern auch die Töchter. Zwar sind sie ein Schatz für den Vater, den er hüten soll. Aber sofort ertönt wieder das Klagelied: Die Sorge um die Tochter raubt ihm den Schlaf, "in ihrer Jugend, dass sie nicht verschmäht wird, nach der Heirat, dass sie nicht verstoßen wird, als Mädchen, dass sie nicht verführt wird, bei ihrem Gatten, dass sie nicht untreu wird, im Haus ihres Vaters, dass sie nicht schwanger wird, im Haus ihres Gatten, dass sie nicht kinderlos bleibt". (Sir 42,9ff.)

Wer so umgetrieben wird von seiner angstvollen Sorge um den guten Namen, von seinen dunklen Träumen über die Kinder, für den wird das Leben immer enger und am Ende eine große Last. Diese Enge überträgt sich schließlich auf die Erziehung. So bleibt dann nur noch der Weg ins fensterlose (!) Zimmer: "Wo sie (die Tochter) sich aufhält, sei kein Fenster, kein Ausblick auf die Wege ringsum." (Sir 42,11) Eingesperrt also bis zum Hochzeits-

tag im fensterlosen Zimmer. Aber auch dann: Wie sich schützen gegen weibliche Untreue? Grenzen und Phantasmata allüberall. Erfahrungen? Die (Not-)lösung: der Hortus conclusus, der geschlossene Garten.
Hier sind Ursache und Wirkung nicht mehr auseinander zu halten. Und das Streitgespräch mit dem biblischen Text ist absolut notwendig. Der gute Name des Vaters? Der vor allem darf nicht beschädigt werden. Nicht in der Stadt. Nicht unter den Leuten. Nicht in der Versammlung am Stadttor. Nicht unter Männern!
Tatsächlich geht es um mehr. Schön wäre es ja, wir könnten diese "Weisheit" beruhigt, amüsiert oder verärgert zur Seite legen. Mit dem Hinweis: Das war damals.
Doch weltweit stehen Männer, Väter noch immer unter dem Druck solcher "Pädagogik", verprügeln ihre Söhne, sperren die Töchter ein – oder befehlen ihre Verschleierung. "Wo sie sich aufhält, sei kein Fenster, kein Ausblick auf die Wege ringsum." Dahinter steht das Bild der Frau als der ständigen Verführerin, die nur Schlechtigkeit im Kopf hat und den (schwachen?) Männern den Kopf verdrehen will. Bei diesem Frauenbild gibt es nur eins: Sie gehört ins fensterlose Zimmer. Vor allem, wenn sie jung und begehrenswert ist: "Keinem Mann zeige sie ihre Schönheit, und unter Frauen halte sie sich nicht auf." (Sir 41,12) Da wird die Schlechtigkeit nur weitergegeben. Und die Männer in der Versammlung am Stadttor? Welche Schlechtigkeit geben sie weiter? Etwa die Überlegungen zum nächsten Krieg? Oder eben ihr angstbesetztes Frauenbild, ihre Obszönitäten?
Die Welt des "Weisheitslehrers" ist, besonders im Blick auf die Frauen, finster und eng: "Besser ein unfreundlicher Mann als eine freundliche Frau und (besser) eine gewissenhafte Tochter als jede Art von Schmach." (Sir 42,14) Solche Sätze haben eine lange, für Frauen leidvolle Tradition. Für den Lehrer geht fraglos alle Sünde von der Frau aus. Der Mann ist stets der Verführte, was allerdings - und da ist schon Aufklärung am Werk – Gott als Entschuldigung nicht gelten lässt (vgl. Gen 3).
Es gibt im Sirach-Buch weisheitliche Goldstücke. Aber insgesamt

liegt ein Schatten auf dieser Weisheit, weil ihr Menschen- und Weltbild an vielen Stellen bedrückend ist. Wie so oft ist damit auch ein moralisierendes Gottesbild verbunden, das Druck macht. Zu leiden haben darunter vor allem Kinder – verprügelte Söhne und eingesperrte Töchter. Darin allerdings liegt die größte Schmach.

Nicht nur an dieser Stelle wird deutlich, dass ausschließlich Männer über Jahrhunderte den Kanon der Heiligen Schriften beider Testamente festgelegt haben. Nicht immer unter Eingebung des Heiligen Geistes.

Ein Haus für das Licht

Fenster sind durchlässig

für das Licht, auch wenn

niemand in der Kathedrale ist.

Das Wirken Gottes

Fenster sind unbeweglich. Dennoch sind sie voll Leben, wenn das Licht mit ihnen spielt. Sie lassen das Licht durch, auch wenn niemand in der Kathedrale ist. Auf dem Boden und an den Säulen malen sie das Licht in all seinen Farben. Doch sind sie ohne Hände, die den Pinsel halten könnten. Sie berühren alles mit ihrem Licht. Nicht alles auf einmal, aber alles zu seiner Zeit. Und wenn ihre Farben auf dem Boden und an den Säulen erscheinen, bleiben keine Flecken zurück. In all dem sind sie wie das Wirken Gottes. Sie spielen mit dem Licht wie Gottes Geist mit unserem Herzen.

Fenster sind aus Menschenhänden entstanden, aber sie spiegeln wider, was die Menschen weit überragt. Und zugleich übersetzen sie dies Menschenferne in eine freundliche Anwesenheit.

In ihren Abbildungen halten sie unser menschliches Sein gegen das Licht, unsere Spannung und unsere Freude, unsere Angst und unser Verlangen, unsere tägliche Arbeit und den Lauf der Zeiten. Und sie zeigen uns darin, dass wir auch uns selbst erst deutlich werden im Licht dessen, der jeden Menschen erleuchtet, der in die Welt kommt. Sie fallen nicht auf wie die mächtigen Säulen, die den Raum tragen. Bescheiden sind sie an den Seitenwänden angebracht, Türen des Lichts. Die fast verschwinden, wenn sie ihre Arbeit verrichten. Der ganze Raum käme nicht zu seinem Recht, wenn sie fehlten. Auch darin sind sie wie das Wirken Gottes: Es fällt nicht auf, es ist bescheiden und verborgen. Auch das Wirken Gottes gleicht einer Lichtpforte, die selbst mehr und mehr verschwindet, wenn sich die Schöpfung in ihrem Glanz uns aufdrängt. Fenster geben uns die Sicherheit, dass wir umgeben von einem großen geheimnisvollen Licht leben. Sie ermutigen uns, dem Licht zu vertrauen, auch wenn wir es nicht direkt sehen können.

Empfänglichkeit

Das Fenster ist abhängig vom Licht. Sicher ist es zwischen den Pfeilern angebracht, die es stützen. Es ist in das Filigran der Steine, Bogen und Formen gefasst. Und es hängt in Blei, das es von zwei Seiten, von außen und von innen umfasst. Aber es kommt erst zu sich selbst, wird Fenster, wenn das Licht in ihm spielt. Was ist ein Fenster ohne Licht? Es ist wie ein Requisit auf einer Bühne, auf der nicht gespielt wird.

Das Fenster wirkt erst, wenn gespielt wird: durch das Licht. In seinem wahren Wesen ist es ganz Empfänglichkeit. Darin kommt es zu sich selbst, und darin fängt es an, etwas für uns zu bedeuten, die wir es sehen. Das Fenster empfängt seinen Sinn vom Licht. Und ist darin ganz groß.

Deshalb hat es uns viel zu sagen. Denn auch wir kommen erst zu unserem Wesen durch das Licht, das in diese Welt kam und jeden Menschen erleuchtete. Wir sind nicht selbst das Licht. Wie Johannes der Täufer nicht das Licht war. Das aber hat nichts mit Wertlosigkeit oder Unwürdigkeit zu tun, wie manche argwöhnen. Unser Wert ist so hoch, dass das ursprüngliche Licht sich um uns kümmert und in uns aufleuchten will, damit wir wirklich die sind, die wir sind. Und damit sichtbar und wirksam werden kann, was wir "zu bedeuten" haben in diesem Leben: für die Dinge, für andere, für uns selbst und für das Licht.

Welches Fenster verlangt nicht nach Licht, damit es – im Glas spielend – zu sich selbst kommt: zur vollen Glut des Rots, zur Tiefe des Blaus, zum Funkeln des Goldes und zum Ruhig-Unruhigen des Grüns?

Das Fenster versichert uns: "Das Licht ist nicht gewalttätig, es entfremdet dich nicht von dir selbst, es spielt mit dir. Es schenkt dir die Erfahrung, wer du wirklich bist."

Salomo machte für das Haus Fenster mit Rahmen und Gittern

Er machte für das Haus Fenster mit Rahmen und Gittern. (1 Kön 6,4)

David hätte ihn gerne noch gesehen: den Tempel für seinen Gott. Aber er wurde durch ein Zuviel an Kriegen daran gehindert. Kriege waren damals schon kostspielig. Und hatten Vorrang. Salomo entschuldigt seinen Vater jedenfalls damit bei Hiram, dem König von Tyrus (1 Kön 5,17). Aber waren es allein Davids Militärausgaben, die ihn hinderten, einen Tempel zu bauen? Vielleicht wollte er sich von der alten Tradition des Bundeszeltes gar nicht trennen: der letzten, äußeren Erinnerung an eine vergangene, nomadische Zeit. An eine Zeit der Beweglichkeit und des immer währenden Aufbruchs (vgl. Ex 40,34-38). Bei David war es außerdem Gott selbst, der Widerstand leistete. Auch er musste sich offenbar erst an den Gedanken gewöhnen, jetzt sesshaft zu werden. Bisher war er mitgegangen, hatte keinen Tempel gebraucht wie die anderen Götter. Die Kommt-her-Götter. Etabliert. Verhaftet an einem bestimmten Ort. Platz-Götter. Platz-Halter.

David, der Vater, stand noch mit einem Bein in der nomadischen Tradition. Es gab viele Orte, an denen Gott Platz nahm. Die Bundeslade wanderte noch hin und her. Auch ins Philisterland (vgl. 1 Sam 6; 2 Sam 6). Der bewegliche Thronsitz Gottes. Unter Salomo scheint diese Zeit endgültig vorbei. Vom Exil ist noch keine Rede. Vom Tempel wird gesprochen. Von einem Gottes-Haus, groß und schön. Salomo hat Vorbilder ringsum. In Ägypten zum Beispiel, der noch immer gegenwärtigen Großmacht. Oder – und diese Spur zeigt uns die Bibel – in Phönizien. In Tyrus. Hiram heißt der "Partner" Salomos. Der kann aus dem Libanon Zedern- und Zypressenholz liefern und Arbeiter schicken, die sich auskennen. Natürlich nicht ohne Gegenleistung: Weizen und Olivenöl für den königlichen Hof. Handelsverträge verhindern Kriege. Auch bei so heiligen Dingen wie Tempeln.

Wer im Angesicht anderer baut, vor allem Gotteshäuser, baut größer und schöner. Uraltes Gesetz menschlicher Eitelkeit. Und getarnt mit frommer Begründung: Es geht doch um Gott. Tempel, Synagogen, Kirchen, Moscheen – religiöse Prestigeobjekte mit der Behauptung: Wir bauen für Gott das Beste!
Zeichen solcher Frömmigkeit sind königliche Maße. Oder auch priesterliche, die oft noch mehr in die Höhe und Breite gehen. Manchmal kann man mit nächtlichen Visionen nachhelfen: Gott will es so. Er hat es mir im Traum gesagt.
Von diesen "Traummaßen" ist an verschiedenen Stellen der Bibel die Rede – vor allem, wenn es um Gottes Orte geht. Und diese Gottesorte hatten auch Fenster (vgl. 1 Kön 6,4; Ez 40,16). Da die königlichen Paläste nicht weit von Tempeln entfernt errichtet wurden, besaßen sie natürlich auch große, hohe und verschließbare Fenster. Letztere gewiss ein besonderer Luxus gegenüber den Fensterhöhlen der kleinen Leute (vgl. 1 Kön 7,4; Jer 22,14). Das Haus, das Salomo "für den Herrn" bauen lässt, ist ebenso hoch wie die Arche: dreißig Ellen. Aber es ist insgesamt viel kleiner (vgl. Gen 6,15; 1 Kön 6,2f.). Immerhin musste in der Arche die ganze Restschöpfung überdauern. Der Jerusalemer Tempel war nur für den EINEN gedacht. Der wollte dort im Dunkel wohnen (1 Kön 8,12). Es scheint, dass die Cella des salomonischen Tempels keine Fenster hatte. Aber die Vorhalle vor dem Hauptraum des Hauses hatte Fenster mit Rahmen und Gittern. Im visionären Tempel Ezechiels sind diese Fenster sogar "verdeckbar" (mit Holzjalousien wahrscheinlich – Ez 41,16). Ganz auf der Höhe der Zeit. Göttlich-königliche Prachtausstattung. Das Palastgebäude stand dem nicht nach, denn dort waren die Fenster in drei Reihen so angebracht, "dass dreimal eine Fensterreihe einer anderen gegenüberstand. Alle Türen und Fenster waren viereckig gerahmt. Dreimal stand eine Fensterreihe der anderen gegenüber." (1 Kön 7,4) Darauf legt der biblische Text Wert. Schließlich ist der König göttlicher Repräsentant: Gottes "Sohn" (Ps 2,7). Der "Erstgeborene Sohn", der "Höchste unter den Herrschern" (Ps 89,28). Da stehen ihm schließlich auch

Fenster zu. Um besser die Stadt zu beobachten?
In der Arche ist das Fenster eine List des Noach: Er will sehen, was draußen vor sich geht. Das Fenster hat keine Gitter. Seinen Besitz muss Noach nicht vor Dieben schützen. Im Tempel und im Palast werden die Fenster auch zum Dekor. Zum Zeichen des Reichtums. Dahinter lebt nicht ein auf Rettung hoffender Mensch. Im Tempel und im Palast bewegen sich Menschen, die etwas zu verlieren haben. Die sich und ihre Schätze schützen müssen durch Gitter. Und die manchmal ein schlechtes Gewissen haben, weil es "denen draußen" dreckig geht.
Die Gitter im salomonischen Tempel sind deshalb absurd, weil die Schechina, die thronende Präsenz Gottes, alle Gitter, Türen und Fenster durchdringt. Keines Schutzes bedarf. Im Gegenteil: Sie ist der Schutzwall, der den Menschen umgibt, damit er nicht an seine Reichtümer verloren geht (Jes 26,1).

Licht und Schatten

Unser Sein ist ein schmutziges Dunkel

ohne das Licht, das von IHM kommt.

Offenbarung und Verborgenheit

Das Fenster offenbart und verbirgt. Es liefert sich uns aus. Wir müssen nur sehen. Unser Auge und unser Herz können mit ihm tun, was sie wollen. Sie geben sich ganz dem Licht hin, so wie es kommt und geht. In seiner reinen Verfügbarkeit offenbart es das Licht in vielen Schattierungen. Es verdichtet all diese Schattierungen zu einem Bild, das uns zur Selbsterkenntnis führen kann. So offenbart das Glasfenster uns an uns selbst und macht uns fähig, die hellen und dunkleren Flecken unseres Seins zu sehen, ohne uns festzuhalten. Auch die Flecken werden von einem höheren Licht beschienen.

Zugleich verbirgt das Glasfenster. Das Licht in seiner Gänze ist nicht zu sehen. Gerade in dem, was es uns offenbart, lässt es uns fühlen, dass da mehr ist, dass es ein Licht gibt, das uns nicht gegeben ist: ursprüngliches Licht, Lichtquelle, Urlicht.

Als Mose darum bat, das ursprüngliche Licht sehen zu dürfen, bekam er die milde Antwort, das sei nicht möglich. Er würde dadurch sterben. (Ex 33,17-23)

In der Spannung zwischen Offenbaren und Verbergen verlangt das Fenster unsere Anhänglichkeit. Es sagt: Willst du mich so sehen, wie ich bin? Willst du einfältig werden und mich annehmen, so wie ich bin in meiner Art, in meiner beschränkten Art, dir das Licht zu offenbaren? Und kannst du annehmen, dass ich nicht alles bin?

Fenster können uns zu einfältigen und klaren Menschen machen, die selbst transparent werden für das Licht, so wie es sich uns offenbaren will. Wir sollen nichts vom Licht wegnehmen und auch nichts hinzufügen. Wir sind nicht mehr, als wir sind und tun, aber auch nicht weniger. Unsere Transparenz für das Licht ist unsere Würde.

Wir wissen, dass das Licht in seinem Tageslauf auf unterschiedliche Weise durch die Fenster scheint. So sind auch wir Menschen unterschiedlich transparent für das ursprüngliche Licht. Das Urlicht. Wir sind Ikonen dieses Lichtes – in Unterschiedenheit.

Und doch sind wir teilhaftig des einen Lichtes.

Mache dich auf und geh

Wenn wir ein Fenster lange betrachtet haben, kommt der Moment, in dem wir den Blick zurücknehmen. Es gibt uns seine Farbe und sein Bild mit, wenn es auf uns selbst verweist. Es sagt dann: Tu nun selbst etwas damit! Du hast erfahren, dass du eine Grenze hast, aber auch, dass die Grenze durchsichtig ist. Mache dich nun auf und geh!
So sagt Gott zu Abram: "Mache dich auf und geh, weg von dem Land deiner Geburt, deinem Elternhaus, in das Land, das ich dir zeigen werde!" (Gen 12,1)
Können wir nun die durchsichtige Grenze in unserem eigenen Wesen entdecken, die Erfahrung machen, dass wir selbst transparent werden können für das Licht aus der Höhe, um ein neues Land zu sehen? Unser Sein ist ein schummeriges Dunkel ohne dieses Licht, das von anderswoher kommt. Was ist unsere Bestimmung? Woher kommt unser Wollen, Erkennen und Verlangen? Was bewegt uns in unseren guten und bösen Taten? Warum lieben wir? Warum werden wir zu Tode betrübt? Was hat es mit dem Lebensweg auf sich, auf dem wir uns befinden?
Das Fenster weist uns auf unser eigenes Wesen zurück, auf unsere mögliche Offenheit und Transparenz für dieses Licht. So wie das Fenster seine Geschichte dem verbirgt, der es nur von außen sieht, so bleiben wir Menschen füreinander verborgen, wenn wir uns nicht einander offenbaren, aufeinander zugehen. Aber auch wenn wir beieinander Einkehr halten, können und müssen wir nicht ganz und gar unverhüllt sein. Wir kehren immer zu uns selbst zurück, machen uns selbst auf unseren Rückweg. Denn unser Wesen ist auch immer eine Trennwand. Wir gehören einander nie ganz. Eine völlige Unverhülltheit ist für uns nur möglich in Seinem menschenliebenden Licht. Darum weist uns das Fenster zurück auf uns selbst, auf unsere nur in diesem Ursprungslicht mögliche Unverhülltheit.

Isebel schaute durch das Fenster hinab

Als Jehu nach Jesreel kam und Isebel dies erfuhr, legte sie Schminke auf ihre Augen, schmückte ihr Haupt und schaute durch das Fenster hinab. (2 Kön 9,30)

Die (biblische) Geschichtsschreibung lässt kein gutes Haar an ihr. Sie ist Ausländerin aus Sidon (Phönizien/Libanon), bringt fremde Götter mit ins Land Israel und verführt ihren Mann zu Mord und Totschlag. Sie ist ein "Miststück": Isebel. Sie verführt und ist verführerisch. Schon in ihrem Namen klingt Ba'al mit, der große kanaanäisch-phönizische Rivale JHWH's. Mehr noch von ihr als von ihrem schwachen Mann Ahab, König von Samaria, gilt: Sie tat, was dem Herrn missfiel (vgl. 1 Kön 16,31-33). Mit dem Propheten Elija "verbindet" sie ein Dauerkonflikt: Er provoziert sie, sie verfolgt ihn. Endgültig zum Bruch kommt es über den Weinberg des Nabot, der in Jesre'el neben dem Palast Ahabs ein Grundstück besitzt. Ahab möchte dort einen Gemüsegarten (!) pflanzen. Weil Nabot jedes Verkaufsgespräch darüber ausschlägt, bereitet er sein eigenes Todesurteil. Isebel nimmt sich der Sache an, besticht Zeugen und veranstaltet einen Schauprozess. An seinem Ende wird Nabot wegen Gottes- und Majestätsbeleidigung gesteinigt. Der Mord ruft den Propheten Elija auf den Plan. Über Isebel verkündet er: "Die Hunde werden Isebel an der Mauer von Jesre'el auffressen." (1 Kön 21,23)
Ihr schreckliches Ende beginnt mit einem Blick aus dem Fenster (vgl. 2 Kön 9,30-37). Allerdings bescheinigt ihr der Erzähler Stolz bis zum letzten Augenblick. Als sie schon ihr Ende kommen sieht, mag ihr Blick noch einmal über die Ebene gegangen sein. Er verweilt auf Nabots Weinberg. Ihr und der Familie ihres Mannes ist er zum Fluch geworden. Aber sie bereut nicht. Respektvoll erzählt der Schriftsteller, dass sie sich für ihren Tod schmückt. Als sie vom Kommen Jehus hört, eines Obersten, der gegen ihren Sohn Joram geputscht hat (Ahab, ihr Mann, war im Kampf gegen die Aramäer tödlich verwundet worden), legt sie

"Schminke auf ihre Augen, schmückte ihr Haupt und schaute durch das Fenster hinab". Noch einmal steht sie oben. Während Jehu an das Tor tritt, ruft sie ihm zu: "Geht es Simri, dem Mörder des Herrn, gut?" (2 Kön 9,31). Damit spielt sie auf eine frühere Verschwörung im Kampf um die Königsmacht in Samaria an. Simri, "der Befehlshaber der einen Hälfte der Kriegswagen", hatte gegen Ela, den König von Samaria, eine Verschwörung angezettelt und dessen ganze Familie ausgerottet (vgl. 1 Kön 16,8-14). Aber er wurde dann selbst Opfer eines Aufstandes: Als er keinen Ausweg mehr sah, "zog er sich in den Wohnturm des königlichen Palastes zurück, steckte den Palast über sich in Brand und fand den Tod. Dies traf ihn zur Strafe für die Sünden, die er begangen hatte; denn er hatte getan, was dem Herrn missfiel ..." (1 Kön 16,18f.)
Tatsächlich: Das ist der Stoff, aus dem auch die Königsdramen Shakespeares gestaltet sind. Isebel, die "Lady Macbeth" der Hebräischen Bibel, bleibt sich bis zum bitteren Ende treu. Den Mörder verspottet sie durchs Fenster von oben herab. Auf Jehus Geheiß wird sie durch zwei oder drei Diener auf den Hof hinuntergeworfen: "Isebels Blut bespritzte die Wand und die Pferde, die sie zertraten." (2 Kön 9,33) Jehu aber setzt sich an den Tisch, um zu essen und zu trinken. Als er schließlich ihr Begräbnis anordnet ("denn sie ist eine Königstochter"), finden die Knechte "nur noch den Schädel, die Füße und die Hände". Das durch den Propheten Elija angedrohte Strafgericht (vgl. 1 Kön 21,23) hat sich bestätigt: "Die Leiche Isebels soll wie Mist auf dem Feld in der Flur Jesre'els liegen, sodass man nicht mehr sagen kann: Das ist Isebel." (2 Kön 9,37)
Von oben herunter hatte sie geherrscht. Wie Ba'al, ihr angebeteter Gott, war sie selbstherrlich für Israel ein donnerndes Unwetter geworden – so jedenfalls sieht sie die biblische Geschichtsschreibung. Ihr Fenstersturz leitet das Abschlachten der gesamten Familie Ahabs ein (allein 70 Söhne). Während sie im Hof – unten – von Hunden zerfleischt wird, speist Jehu. Ein seltsames Totenmahl. Aber die Bibel verurteilt nicht die Brutalität

Jehus. Wie zuvor schon der Prophet Elija (vgl. 1 Kön 18), lässt er alle Ba'alspriester umbringen, zerschlägt die Steinmale und macht den Ba'alstempel zum Abfallhaufen. "Das blieb er bis zum heutigen Tag", fügt der Erzähler an (2 Kön 10,27). Freilich ist auch Jehu nicht ohne Makel: Die goldenen Kälber in Dan und Bet El schafft er, wie seine Vorgänger, nicht ab. Diese Sünde sieht ihm die Bibel nicht nach. Dennoch gehört er zu den wenigen Königen, die zwischen weißen Bettlaken sterben. In Samaria wird er begraben. Doch wer kennt noch Jehu? Isebel aber, die durch ein Fenster von Lakaien gewaltsam in den Tod Gestoßene, bleibt der Erinnerung erhalten. Eine Verräterin ihrer heimatlichen Tradition wurde sie nicht. Ba'al hätte keine überzeugtere Botschafterin nach Israel schicken können. Als sie in den samaritischen Palast mit seinen Fenstern einzog, vergaß sie jedenfalls nicht ihr Volk und Vaterhaus und seine Götter (vgl. Ps 45,11-18). Der Gott Israels konnte ihren Ba'al-Gott in ihrem Herzen nicht besiegen. Geschmückt und erhobenen Hauptes erwartete sie am Fenster ihre Mörder. Das bewundert an ihr schaudernd selbst die Bibel.

Öffne das Fenster nach Osten

Hierauf sagte er: Öffne das Fenster nach Osten! Der König öffnete es, und Elischa forderte ihn auf zu schießen. Als er abschoss, rief Elischa: Ein Siegespfeil vom Herrn, ein Siegespfeil gegen Aram. Du wirst Aram bei Afek vernichtend schlagen. (2 Kön 13,17)

Meist standen sie sich misstrauisch, wenn nicht gar feindlich gegenüber: der Prophet und der König. Der Prophet in eine Rolle hineingedrängt, die er sich nicht ausgesucht hatte. Der König von Kindheit an auf sein Amt hin erzogen und doch wissend, wie zerbrechlich und angefochten seine Macht von innen und außen war. Am empfindlichsten reagierten die Könige auf prophetische Kritik. Denn dahinter standen nicht Sippeninteressen, auch nicht der Wunsch, selbst König zu werden. In der prophetischen Stimme wurden die Weisungen eines anderen laut. Und dieser "andere" traf die (angemaßte) Macht im Kern jenseits allzu menschlicher Interessen.

Die prophetische Stimme war nicht unpolitisch. Sie ergriff Partei. Nach innen gab sie den schwächsten gesellschaftlichen Gruppen Schutz und Stimme: Witwen, Waisen, Sklaven, Fremden. Nach außen warnte sie vor abenteuerlichen Kriegszügen und trügerischen Koalitionen. Meist schätzten die Propheten die politischen Möglichkeiten realistischer ein als die Könige in ihrem Machtwahn. Wenn deshalb die politische Warnung laut wurde, fühlten sich die Feldherrn und Kriegstreiber in ihrer Propaganda gestört. Und versuchten die lästigen Quergeister mundtot zu machen. Nicht nur Jeremia wurde Opfer königlicher Übergriffe. Es waren auch nicht nur die Könige, die spannungsreich zu manchen Propheten standen. Es war ebenfalls die Priesterschaft, die sich oft angegriffen fühlte – zu Recht.

Doch manchmal bildete sich auch eine tiefe Beziehung zwischen König und Prophet. Eine Beziehung, die dennoch von einer gewissen Ambivalenz bestimmt blieb. Von Joasch, König in

Israel (Nordreich), heißt es knapp und bündig: "Er regierte sechzehn Jahre in Samaria und tat, was dem Herrn missfiel; er ließ nicht von der Sünde ab, zu der Jerobeam, der Sohn Nebats, Israel verführt hatte." (2 Kön 13,11) Zur Erinnerung: Nach Salomos Tod war es zur Reichsteilung gekommen. Und Jerobeam, der erste König des Nordreiches, das später seinen Königssitz in Samaria hatte, organisierte neue Reichsheiligtümer in Dan und Bet-El, jeweils mit einem goldenen "Kalb" (wahrscheinlich war es ein Stier). Aus Jerusalemer Perspektive und im Rückblick auf das babylonische Exil lag darin die eigentliche Sünde und die Ursache für alle nachfolgenden Katastrophen.

Joasch hatte den Stier nicht gestürzt. Er lebte also weiter in der Sünde der Trennung und Idolatrie. Aber sein Verhältnis zum Propheten Elischa war nicht schlecht. Kindlich geradezu, wie allerdings erst am Ende der Lebenszeit Elischas sichtbar und hörbar wird. Ein oft zu beobachtender Tatbestand: Menschen leben lange miteinander, aber was sie füreinander empfinden, was sie sich gegenseitig bedeuten, wird erst beim Abschied, beim letzten, einander mitgeteilt. Als Elischa, der Prophet, von einer tödlichen Krankheit befallen wird, bricht Joasch vor ihm in Tränen aus und ruft: "Mein Vater, mein Vater! Wagen Israels und sein Lenker!" Elischa müssen diese Worte tief bewegt haben, ist es doch, so will es der Erzähler, der gleiche Ruf, den Elischa seinem Lehrer Elija nachsendet, als der ihm genommen wird (2 Kön 2,12). Eine Vater-Sohn-Beziehung. Wie oft mag Joasch zu Elischa gegangen sein, heimlich vielleicht, um nicht öffentlich zu zeigen, wie sehr er ihn brauchte. Aber jetzt wird er ohne seinen Rat, mag er noch so unbequem gewesen sein, leben müssen.

Doch welches Vermächtnis gibt der alte Prophet seinem "Sohn" mit? Elischa will offensichtlich keine Abschiedsstimmung aufkommen lassen. Er weiß aus eigener Erfahrung zu gut, wie sehr sie unfähig machen kann, den Abschied zuzulassen (vgl. seinen Abschied von Elija in 2 Kön 2). Er setzt ein letztes, kraftvolles prophetisches Zeichen: Der König soll Pfeil und Bogen holen, sein Kriegshandwerkszeug. Allein das lässt schon aufhorchen:

Wird Elischa den Bogen zerbrechen? Den König zum Frieden ermahnen? Das Gegenteil ist der Fall. Auf Geheiß des Propheten legt der König die Hand auf den Bogen. Und er, Elischa, legt seine Hände auf die Hände des Königs. Ein intimer Augenblick zwischen beiden, zwischen König und Prophet. Doch erst der folgende Befehl des Propheten macht das Zeichen eindeutig: "Öffne das Fenster nach Osten. Der König öffnete es, und Elischa forderte ihn auf zu schießen. Als er abschoss, rief Elischa: Ein Siegespfeil vom Herrn, ein Siegespfeil gegen Aram." (2 Kön 13,17)
Das also ist der Grund: Der König soll seine Angst vor den feindlichen Aramäern überwinden. Er soll wissen, dass er sie besiegen kann, wenn sie Israel bedrängen. Das war, so legt der Erzähler nahe, das Problem Joaschs: Er traute sich gegen Aram nichts zu und vernachlässigte deshalb die Schutzpflicht gegenüber Israel. Der alte, vom Tod gezeichnete Prophet macht dem jungen König Mut. Er fordert ihn nicht zu einem Angriffskrieg auf. Aber er soll auch nicht verzagt in die Knie gehen. Das nach Osten geöffnete Fenster ist Zeichen einer neuen Freiheit. Der abgeschossene Pfeil Zeichen seines Siegeswillens.
Die Verzagtheit des Königs ist dadurch aber nicht ganz beseitigt. Als Elischa ihn auffordert, mit den Pfeilen auf den Boden zu schlagen, tut er drei Schläge. Nur! Dann hält er inne. Schon! Für den sterbenden, immer noch kraftvollen Propheten ist das nicht genug. Unwillig lässt er Joasch hören: "Du hättest fünf- oder sechsmal schlagen sollen; dann hättest du die Aramäer vernichtend geschlagen. Jetzt aber wirst du sie nur dreimal schlagen." (2 Kön 13,19) Es sind die letzten Worte des streitbaren Propheten. Die Bibel fügt kurz an: "Elischa starb, und man begrub ihn." (2 Kön 13,20)
Dann allerdings fügt sie noch eine kleine postmortale Episode dieses volkstümlichsten Propheten hinzu. Als man einmal einen Toten begrub und dabei von moabitischen Räubern gestört wurde, warf man den Toten in das Grab des Elischa und suchte das Weite. "Sobald aber der Tote die Gebeine Elischas berührte, wurde er wieder lebendig und richtete sich auf." (2 Kön 13,21)

Es ist zu vermuten, dass jetzt die moabitischen Räuber flohen – eine Szene voll schwarzen Humors, wie sie für den Elischa-Erzählkreis nicht untypisch ist.
Ein alter Prophet geht. Der König und Sohn bleibt zurück. Aber er braucht die Kraft des Vaters, um mutig gegen Bedrängnisse angehen zu können. Der Prophet hatte ihn selbst das Fenster öffnen lassen. Ein Akt der Befreiung. Jetzt müssen seine Füße durch die offene Tür dem Gegner entgegengehen. Nach Osten, wohin der Pfeil geflogen ist.
Das Wort des Propheten tritt ein, sagt die Bibel. Drei Angriffe der Aramäer können abgewendet werden. Aber die Kraft Samarias und seiner Könige lässt mehr und mehr nach. Seine Ohren werden taub, der Sinn für Gerechtigkeit schwindet. Auf Elfenbeinbetten grölt die samaritische "Spaßgesellschaft" zur Harfe. Der Wein verdunkelt die Sicht. Die Worte eines fremden Propheten – Amos – werden aus dem Heiligtum verbannt. Und eines Tages fliegen die Pfeile von Osten durch jenes Fenster, durch das einmal Elischa, der letzte große Prophet des Nordreiches, ein Zeichen gesetzt hatte. Die "Enkel" hat seine Botschaft nicht mehr erreicht. Und an die Stelle der sorglosen Lieder trat das Krächzen der Raben in leeren Fensterhöhlen (Zef 2,14).

Licht in Freiheit

Licht lässt uns frei sein

und ist doch da.

Freundliches Licht

Das Fenster hat eine eigene Geheim-Sinnigkeit, einen eigenen geheimen Sinn. Das Licht, das in ihm wohnt, ist anders als das Licht, das auf die Steine rund um die Kathedrale fällt. Und dieses ist wieder anders als das Licht, das auf das aufsteigende Wasser des aus Stein gehauenen Springbrunnens fällt. Das Licht in dem emporsteigenden Wasser hat etwas vom Fensterlicht. Und doch ist es anders. Es bewegt sich: Es steigt auf und fällt nieder. Manchmal weht es mit dem Wasser im Wind. Fenster-Licht ist still, voll stiller Geheim-Sinnigkeit. Das Kind dachte, das Fenster sei selber das Licht, und wies mit seinen Händchen darauf. Aber das Glasfenster ist nur der Ort, wo das Licht unter uns wohnt. Ein menschenfreundlicher Ort.

Was wäre, wenn das große Licht selbst sichtbar wäre? Wir würden uns an ihm festklammern, so wie wir es jetzt an den Dingen tun. Wir würden es uns aneignen wollen. Oder es würde uns in Beschlag nehmen, so wie die Dinge das tun. Wir würden uns an das Licht verlieren.

Gottes Unsichtbarkeit ist eine große Gnade.

Es ist gut, dass das große Licht "nur" durchscheint: Es will uns frei machen und all dem entziehen, was uns greifen will und was wir greifen wollen. Zu dieser Freiheit lädt das Gotteslicht ein. Das Fensterlicht ist ein freundliches Gleichnis dafür.

"Niemand hat Ihn jemals gesehen", sagt Johannes (1 Joh 4,12). Doch stehen wir im Licht. Das schafft einen geheimnisvollen Raum. Dieser Raum macht es möglich, dass wir selbst werden. Solange wir hier sind, ist die unsichtbare Freundlichkeit Gottes unsere größte Gnade. Sie garantiert uns nicht nur unsere Freiheit. Sie ruft dazu auf.

Er blickt durch die Fenster, späht durch die Gitter

Der Gazelle gleicht mein Geliebter, dem jungen Hirsch. Ja, draußen steht er an der Wand unsres Hauses; er blickt durch die Fenster, späht durch die Gitter. (Hld 2,9)

Das ewige Uraltspiel der Liebe: Wie sollte die Bibel darum nicht wissen? Nicht davon dichten und singen? Und sie tut es in einer der schönsten Sammlungen erotischer Lieder, die uns die Weltliteratur überliefert hat. Als Offenbarung Gottes, des größten Liebhabers "aller Zeiten". Und die Geliebte ist Israel. Sein Volk. Völker werden in der Mythologie nahezu immer weiblich gedacht; von daher fällt Gott im Liebesspiel die Rolle des "männlichen" Parts zu. Aber die Texte des "Hohenliedes" sind zuerst und vor allem erotische Lieder, die nicht "geistlich" gelesen werden müssen - auch wenn das die jüdischen und christlichen "Geistlichen" gerne sähen.

Die Jahreszeit entspricht der jungen Liebe: "Denn vorbei ist der Winter, verrauscht der Regen! Auf der Flur erscheinen die Blumen; die Zeit zum Singen ist da." (Hld 2,11f.) Alles und alle sind in Erwartung. Nach der langen, dunklen Schweigezeit des Winters ist es Zeit aufzustehen. Natürlich feiern Juden und Christen ihre Auferstehungsfeste nicht zufällig im Frühling: Die Wintermächte sind überwältigt, das Licht hat endgültig die Dunkelheit besiegt.

Der Verliebte, der Freund wird erwartet. Sie hört ihn schon. Sie weiß, dass er kommt. Und wenn er auch noch lange nicht zu sehen ist, so ist er doch schon da. Mit seiner Stimme. Die Liebe überbrückt jede Entfernung. Sie sieht das Kommende schon gegenwärtig nahe. Sie sieht den geliebten Menschen über die Berge springen, hüpfen über die Hügel. Die Liebe macht die Bewegungen leicht. Da brauchen keine Täler ausgefüllt zu werden. In der Liebe sind alle Wege eben. So wie die Gazelle scheinbar schwerelos ihren Weg nimmt und der junge Hirsch in seiner Kraft läuft - so läuft der Geliebte, dessen Feuer die Sehnsucht

ist. Allen Hindernissen überlegen.
Der innere Blick des Mädchens hat dieses leichte, kraftvolle Daherkommen des Freundes gesehen. Jetzt steht er schon "an der Wand unseres Hauses ... er blickt durch die Fenster, späht durch die Gitter" (Hld 2,9). Ob er sie sieht? Ob sie ihn erwartet? Die Fenster im orientalischen Haus sind klein. Sie schützen den Innenraum vor der Sommerhitze und verhindern im Winter ein Auskühlen. Wer von außen hineinschaut, blickt ins Dunkel. Zusätzlich behindert durch Gitter mit ihrer doppelten Aufgabe: Schutz vor Einbrechern und Schutz vor zudringlichen Männern. Das "Fensterln", Inhalt vieler Spott- und Liebeslieder, ist im Orient sehr erschwert.
Ein wunderbares Spiel: Sie sieht ihn, lange bevor er sie sehen kann. Seine Augen müssten sich erst an das Dunkel gewöhnen. Er müsste die Augen abblenden, damit ihm das Licht nicht hinderlich ist. Sehen könnte er am Ende durch die Gitter auch nur eine Bewegung. Ihre Bewegung? Doch wie lange dürfte er so hineinspähen? Von Fenster zu Fenster gehen? Mit mäßigem Erfolg. Mehr ahnend als wissend. Das, was Erotik eigentlich ausmacht: nicht das nackte Sehen, vielmehr das Ahnen. Ihm bleibt die Stimme. Der Lockruf. Und den setzt er ein: "Steh auf meine Freundin, meine Schöne, so komm doch!" (Hld 2,10) Worte ins Dunkel. Ins Ungewisse. Wird sie antworten? Sich bemerkbar machen? Oder schläft sie noch, verborgen wie die "Taube im Felsennest, versteckt an der Steilwand"? Hat sie gar nicht mitbekommen, dass die Schatten kürzer geworden sind, die Winterzeit vorbei ist? Er will sie wecken. Und sein erster Ruf soll sie durchs Fenster erreichen - trotz aller Gitter. Trotz der geheimnisvollen Dunkelheit, die hinter dem Fenster steht.
Vorbei ist die Zeit des Wartens und der Stille, in der sich das Neue vorbereiten kann. Die Natur ist schon geweckt: "Auf der Flur erscheinen schon die Blumen; die Zeit zum Singen ist da." Der Feigenbaum zeigt die ersten Früchte und die blühenden Reben "duften". Es ist ein Überfall auf alle Sinne: hören, sehen, riechen, auch schmecken, denn "süß ist deine Stimme". Und

"lieblich" dein Gesicht. Ein Sinnenfest also. "Steh auf, meine Freundin, meine Schöne, so komm doch!", wiederholt er seinen Lockruf. Wer kann da noch im dunklen Winterverlies bleiben? Ab jetzt wird sich das Leben wieder draußen abspielen. Die vergitterten Fenster sind zu klein, um all die Stimmen, Gerüche, Farben und Geschmäcker hineinzutragen. Die Tür muss sich öffnen. Auf diesen Augenblick wartet er. Dann könnte er sie sehen, riechen, schmecken, ertasten ...

Keine (junge) Liebe ohne Hindernisse. Die Geliebte ist nicht nur durch das dunkle Haus geschützt und durch vergitterte Fenster. Da sind auch noch die Bewacher des Mädchens. Die Brüder? Jedenfalls erfolgt der warnende Zwischenruf: "Fangt uns die Füchse, die kleinen Füchse! Sie verwüsten die Weinberge, unsere blühenden Reben." (Hld 2,15) Fast schon am Ziel, baut sich ein neues Hindernis auf - das letzte? Und es kann das größte sein. Vor allem, da das Mädchen wie ein Besitz betrachtet wird. Ein Besitz der Familie, der nicht irgendeinem "kleinen Fuchs" als schnelle "Nahrung" überlassen wird. Denn, so die bittere Erfahrung, wenn der "Liebeshunger" gestillt ist, schleicht sich der "Eroberer" davon und hinterlässt einen verwüsteten Weinberg. Wer mag da noch edle Trauben ernten?

Doch wie groß das Hindernis auch sein mag: Die Liebe, die sie zueinander zieht, findet Wege. Umwege. Zugänge. Etwa in der Nacht. Wenn auch die Aufmerksamkeit der Bewacher nachlässt, "wenn der Tag verweht und die Schatten wachsen" (Hld 2,17). Dann soll er wiederkommen, "mein Geliebter", "der Gazelle gleich, dem jungen Hirsch auf den Balsambergen!" Dann werden weder Fenster noch Gitter noch Türen noch strenge Brüder verhindern können, dass er "seine Linke unter ihren Kopf legt und seine Rechte sie umfängt". Und niemand soll diese Liebe aufstören, "bis es ihr selbst gefällt" (Hld 2,7). Sehen, Hören ... werden dann gleichzeitig sein.

Die jüdische Synagoge liest das Hohelied am Shabbat der Pessachwoche als Hymnus auf den Liebhaber Gott. Auf seine Freundin Israel. Auf ihre gegenseitige Sehnsucht. Auf ihr

ständiges Suchen, Finden, Wiederverlieren und Wiederfinden. Ein Liebesspiel. In Freiheit. Die christlichen Mystiker/innen haben das Lied im Blick auf den (auferstandenen) Christus und seine "Braut", die Kirche gelesen. Verschiedene Texte sind auch in der christlichen Liturgie - etwa bei Marienfesten – wiederzufinden: Gott - Maria, ebenfalls eine Liebesgeschichte. Jesus - die "Frucht" dieser Liebe.
Der Johannes-Evangelist meditiert in seinem Osterkapitel (vgl. Joh 20) ebenfalls das Hohelied. Maria von Magdala sucht ihren Geliebten, ist unruhig wie eine Freundin, die ihn verloren hat - und findet ihn als Gärtner. Der Ostergarten wird zum Paradiesgarten, in dem eine neue Liebesgeschichte zwischen "Adam" und "Eva" beginnt. Ohne festzuhalten. Ohne Unterwerfung. Beim Namen gerufen und um und um gewandt, wird Maria zur apostola apostolorum (Augustinus). Die erste Botschafterin.
Die Winterzeit des Todes ist vorüber: Der Geliebte lebt. Und sie hat ihn gesehen. Durch die kleine Öffnung ihres Hauses. Durchs Fenster. Vorerst.

Wohl dem Menschen, der nachsinnt über die Weisheit, der sich bemüht um Einsicht, der seinen Sinn richtet auf ihre Wege und auf ihre Pfade achtet, der ihr nachgeht wie ein Späher und an ihren Eingängen lauert, der durch ihre Fenster schaut und an ihren Türen horcht, der sich bei ihrem Haus niederlässt und seine Zeltstricke an ihrer Mauer befestigt, der neben ihr sein Zelt aufstellt und so eine gute Wohnung hat, der sein Nest in ihr Laub baut und in ihren Zweigen die Nacht verbringt, der sich in ihrem Schatten vor der Hitze verbirgt und im Schutz ihres Hauses wohnt.
(Sir 14,20-27)

Ist sie ein Haus? Ein Baum? Eine junge Frau? Eine Mutter? Sie ist dies alles und noch viel mehr! Die Chochma. Die Sophia. Die Weisheit.
Viele Bilder versucht der Weisheitslehrer. Hymnische. Die Vergleiche gehen ihm nicht aus. Ob sie zueinander passen, fragt er nicht. Er stellt sie nebeneinander, lässt sie zusammenfließen, denkt sie an und geht zum nächsten Bild über. Die Weisheit ist unbeschreiblich. Entweder schweige ich von ihr oder fließe über von Worten. Und weiß doch am Ende, dass aller Wortaufwand hinter dem Gemeinten weit zurückbleibt. Aber verschweigen lässt sie sich trotzdem nicht.
Nachsinnen muss ihr der Mensch. Sie ist schon lange vor ihm da. Länger als der Sand des Meeres, die Tropfen des Regens, die Höhe des Himmels, die Breite der Erde und die Tiefe des Meeres ... Sie ist so alt wie Gott selbst. Gottes Erstlingsgeschöpf. Seine Beraterin bei der Schöpfung. Ausgegossen ist sie über alle Werke Gottes. Aber die Erfahrung lässt keine andere Deutung zu: "Den Menschen ist sie unterschiedlich zugeteilt ..." (vgl. Sir 1,1-10). Wie Recht er hat, der Weisheitslehrer.
"Anfang der Weisheit ist die Gottesfurcht, dem Glaubenden ist sie angeboren." (Sir 1,14) Aber wer ist schon Glaubender? Gäbe es ihn, dann wäre er der glücklichste und wahrhaft vollendete Mensch. Der Lehrer der Weisheit ist realistisch genug. Wer sich

um Einsicht bemüht, wer über die Weisheit nachsinnt, der findet am Ende Jubel und Freude, dem wird unvergänglicher Ruhm verliehen (vgl. Sir 14,6). Ein schwieriger Weg. Ein Weg. Ein Pfad. Auch das lehrt die Erfahrung: Es sind nicht die großen, breiten Straßen (geeignet für Aufmärsche), auf denen sie vorausgeht. Der Weisheitslehrer Matthäus weiß darum: "Geht durch das enge Tor! Denn das Tor ist weit, das ins Verderben führt, und der Weg dahin ist breit, und viele gehen auf ihm. Aber das Tor, das zum Leben führt, ist eng, und der Weg dahin ist schmal, und nur wenige finden ihn." (Mt 7,13f.) Ein schmaler Weg. Nicht krumm, nicht rauf und runter, aber schwer zu finden. Der genaue Blick ist notwendig. Der Blick für den nächsten Schritt. Die Weisheit hat den Weg angelegt. Wer ihm folgt, gleicht einem Späher, der Ausschau hält. Der überall seine Augen hat. "Liebende Aufmerksamkeit". Der Blick eines Spions? Eines verliebten Freundes. Dieser Späher gleicht dem Freund, der seine Freundin sucht. Überall. Da ist das Lauern an den Eingängen erlaubt: Wo ist sie? Wann kommt sie? Und das Schauen durch die Fenster: Ist sie da oder nicht? Wieder: Das orientalisch-kleine Fenster lässt kaum ahnen, was sich dahinter abspielt. Zumal wenn es vergittert ist oder ein Vorhang den Blick hindert. Und wenn sie sich nicht am Fenster zeigt? Dann bleibt noch das Lauschen an den Türen. Bewegt sich etwas?
Wer die Weisheit wirklich liebt, hat Ausdauer. Er lässt sich bei ihrem Haus nieder und befestigt seine Zeltstricke an ihrer Mauer. Auf der Suche nach der Weisheit gibt es nur ein Zelt als Bleibe. Der Sucher ist ein Wanderer. Mit Zelt unterwegs. So lange ist er heimatlos, wie er sie nicht gefunden hat. So lange, wie der Schmerz des Entbehrens in ihm brennt. Immer wieder umkreist er das Haus. Blickt durch die Fenster. Horcht an der Tür. So lange, bis er sicher ist: Sie ist da. Auch dann, wenn das Haus von ihr bewohnt ist, bleibt er in seinem Zelt. Es ist eine gute Wohnung neben ihrem Haus.
Das Bild wechselt: Die Weisheit ist plötzlich ein Baum und der Späher ein Vogel, "der sein Nest in ihr Laub baut und in ihren

Zweigen die Nacht verbringt, der sich in ihrem Schatten vor der Hitze verbirgt und im Schutz ihres Hauses wohnt" (Sir 14,26f.). Jetzt, als (freier) Vogel, wäre es ihm noch leichter, aufs Fenstersims zu fliegen und nachzuschauen, ob sie im Haus ist. Aber darüber denkt unser Poet nicht mehr nach. Das Haus, der Baum ... Bleibe für "Zugvögel". Ein Paradoxon. Das gilt auch für die Weisheit: Beständigkeit, Stabilitas loci einerseits, aber auch Wegebahnerin, selbst unterwegs. Nicht leicht zu finden. Und doch: "wie eine Mutter" geht sie dem Suchenden entgegen. Sie nimmt ihn auf "wie eine junge Gattin". Das Brot der Klugheit reicht sie dem, der nach ihr dürstet. Er aber, ausgedörrt und hungrig, stürzt sich auf sie, wenn er sie findet, "und kommt nicht zu Fall" (vgl. Sir 15,1-4).

Um die Weisheit zu finden und in ihrem Schoß zu landen, ist diese Unbeherrschtheit erlaubt, denn sonst gilt: "Unbeherrschte werden sie nicht schauen." (Sir 15,7) Endlich gefunden, mündet alles im Gotteslob. Und wer so die hohe Schule des Suchens durchwandert hat, kann, so er dazu bevollmächtigt ist, selbst in der Weisheit unterrichten. Am Ende eines langen Weges. Mit Zelt. Unter dem Fenster der Frau Weisheit.

Heimweh nach Licht

Das Kind, jetzt alt geworden,

sah, wie die Fenster aufleuchteten

und wieder wegstarben.

Unser Blick verändert sich

Erzählt wird von einem Kind, das mit seinem Vater zum ersten Mal in eine Kathedrale gegangen war. Es sah nichts von den vielen Dingen, die die Kathedrale beherbergte, es sah nur die Fenster, in denen das Licht wohnte. In äußerstem Erstaunen rief es aus: "Papa, ich sehe das Licht!" Und man sagt, beim ersten Mal habe es nichts anderes gesehen, nur das Licht.
Als das Kind älter wurde, wusste es, dass die bunten Glasfenster nicht das Licht sind. Es lernte, wie sie gemacht werden: erst die Zeichnung, dann das farbige Glas, dann das Blei. Es wusste auch, dass alle Stücke erst aus Karton vorgeschnitten werden. Und wie alles sorgfältig aneinander angepasst wird. Groß geworden, dachte es nicht mehr, das Licht sehen zu können. Das Fenster war Glas in Blei, mehr nicht.
Doch manchmal konnte das Kind noch etwas von der Farbe genießen. In einem stillen Moment während des Gottesdienstes oder bei einem zufälligen Besuch. Als es noch älter geworden war, gab es wichtigere Dinge zu tun, und es vergaß, dass die Kathedrale solche Fenster hatte. Noch später, als es alt zu werden begann, bekam es Heimweh: nach dem Licht.
Eines Tages ging es wieder in die Kathedrale, die es früher mit seinem Vater besucht hatte. Der war inzwischen längst verstorben. An ihn musste es denken. Das Kind, jetzt alt geworden, nahm sich dafür lange Zeit. Den ganzen Tag war es in der Kathedrale: am frühen Morgen, am Mittag und gegen Abend. Es sah, wie die Fenster aufleuchteten und wieder wegstarben, eins nach dem anderen. Es wusste gut, dass sie nicht selbst das Licht waren, aber es sah das Licht durch die Farben hindurch: das frische des frühen Morgens, das helle des Mittags und das sanfte des Abends.
Es wusste: So ist mein Leben. Während ich das Licht vergaß, ist es geblieben, hat sein Werk getan, tagein, tagaus. Nun vollendet es sein Werk: an mir.

Aus ihrem Fenster blickt Siseras Mutter ...

Aus ihrem Fenster blickt Siseras Mutter und klagt durch die Gitter: Warum säumt sein Wagen zu kommen, warum zögert der Hufschlag seiner Gespanne? (Ri 5,28)

Nicht nur Männer laden durch ihre aktive Teilnahme am Krieg Schuld auf sich. Auch scheinbar zum Warten verurteilte Frauen tragen dafür Mitverantwortung: durch (stille) Zustimmung. Nicht ohne Stolz blicken viele Mütter und Schwestern auf ihre Söhne und Brüder in Uniform. Sie finden sie darin einfach "fesch" oder "sexy". (Das gilt natürlich ebenso für Soldatinnen.) Sie vergessen, was des Soldaten Handwerk ist. Wenn er dann aufsteigt, Karriere macht, höhere Dienstgrade erreicht, wird die Aggressionsbereitschaft, die diesem Beruf grundsätzlich innewohnt, endgültig ausgeblendet.

"Aus ihrem Fenster blickt Siseras Mutter", die Mutter eines kanaanäischen Feldherrn. Sie wartet auf seine siegreiche Heimkehr. Siegreich über Israel, dessen Wege unsicher geworden sind, dessen Bewohner aus diesem Grund weite Umwege machen müssen. Unruhig klagt Siseras Mutter durchs Fenstergitter: "Warum säumt sein Wagen zu kommen, warum zögert der Hufschlag seiner Gespanne?" (Ri 5,28) Andere Frauen sitzen ebenfalls am Fenster, hinter Gittern, und warten. Erwarten sehnsuchtsvoll die Heim- und Rückkehr ihrer Söhne, Brüder und Geliebten. Durch vergitterte Fenster erfolgt die Kommunikation – über die Straße hinweg. Gespräch zwischen eingesperrten Frauen, die in Abwesenheit der Männer Gefangene im eigenen Haus sind. Während ihre Männer draußen Krieg führen – und in dieser Zeit andere Frauen "haben".

Der biblische Text ist voll Spott und Häme, weiß er doch längst – und die Leser/innen wissen es auch -, dass die Mutter vergeblich wartet. Eine "Kluge", sagt der Text höhnisch, beruhigt Siseras Mutter, und sie wiederholt deren Worte: "Sicher machen und teilen sie Beute, ein, zwei Frauen für jeden Mann, Beute

an Kleidern für Sisera, Beute an Kleidern, für meinen Hals als Beute ein, zwei bunte Tücher." (Ri 5,30) Die "Kluge" (auf der anderen Straßenseite?) und die Mutter wiederholen es – wissend, was Soldatenmänner nach einem Sieg tun: Beute verteilen, und ein, zwei Frauen für jeden Mann. So sind sie. Männer in Uniform. Mit der Waffe in der Hand. In Kriegszeiten. In Chaoszeiten. Wenn das Gesetz der Gewalt gilt. Auch über Frauen. Die Frauen der Besiegten natürlich. Die Frauen der Sieger bekommen bunte Tücher. Kein Wort der Solidarität mit den vergewaltigten "Schwestern" der anderen. Es ist eben Krieg. Doch Kriegsglück ist launisch. Bis aus den Opfern Täter werden.
Siseras Mutter wird bald allen Grund zur Klage haben. Der erwartete Sohn kommt nicht wieder. Er wurde nämlich erschlagen - von einer Frau. Auf der Flucht vor Debora und Barak, Israels Helden (vgl. Ri 4-5), fällt Sisera in die Hände einer anderen Frau. Sie nimmt ihn auf. Reicht ihm Milch, Sahne in einer prächtigen Schale. Er schläft vor Erschöpfung ein. Jaels List geht auf: Sie nimmt Zeltpflock und Hammer und durchbohrt seine Schläfen. Naiv sind sie oft, die Kriegsmänner, und werden dann selbst Opfer von Gewalt. In der biblischen Überlieferung ist es eine Frau, die den Mann besiegt. Eine Frau des freien Landes. Des offenen Zeltes. Eine Beduinenfrau, die nicht hinter Gittern sitzt wie die andere im Kulturland. Wie die Mutter mit Beutephantasien.
Siseras Mutter wartet auf ihren Sohn vergeblich. Ihre Klage wird ihn nicht zurückholen. Wie alle nicht, die durch Gewalt fielen. Viel zu jung und sinnlos.
"Dann hatte das Land vierzig Jahre lang Ruhe." (Ri 5,31) Bis zum nächsten Krieg. Dann klagten andere Mütter. Oder träumten von bunten Halstüchern. Und phantasierten hinter Fenstergittern für ihre kriegführenden Männer ein, zwei Frauen – als Beute.

… und es dunkel wird bei denen, die aus dem Fenster blicken

Denk an deinen Schöpfer in deinen frühen Jahren, ehe die Tage der Krankheit kommen und die Jahre dich erreichen, von denen du sagen wirst: Ich mag sie nicht!, ehe Sonne und Licht und Mond und Sterne erlöschen und auch nach dem Regen wieder Wolken aufziehen: am Tag, da die Wächter des Hauses zittern, die starken Männer sich krümmen, die Müllerinnen ihre Arbeit einstellen, weil sie zu wenige sind, es dunkel wird bei den Frauen, die aus den Fenstern blicken, und das Tor zur Straße verschlossen wird; wenn das Geräusch der Mühle verstummt, steht man auf beim Zwitschern der Vögel, doch die Töne des Lieds verklingen; selbst vor der Anhöhe fürchtet man sich und vor den Schrecken am Weg; der Mandelbaum blüht, die Heuschrecke schleppt sich dahin, die Frucht der Kaper platzt, doch ein Mensch geht zu seinem ewigen Haus, und die Klagenden ziehen durch die Straßen – ja, ehe die silberne Schnur zerreißt, die goldene Schale bricht, der Krug an der Quelle zerschmettert wird, das Rad zerbrochen in die Grube fällt, der Staub auf die Erde zurückfällt als das, was er war, und der Atem zu Gott zurückkehrt, der ihn gegeben hat.
(Koh 12,1-7)

Gestern noch aus dem Fenster geschaut und jeden erkannt. Keine Gedanken gemacht. Durch die Fenster des Leibes alles mitbekommen. Die Augen gingen hin und her. Aber dann der Tag, der andere. Es ist nicht mehr wegzureden. Die Fenster werden dunkler. Das Alter wirft seine Schatten durch die Fenster. In die Augen.

Ludwig (nicht Herbert) Marcuse, der Philosoph, hat ihn den größten "Griesgram" des Altertums genannt: Kohelet, für den all das, was er beobachtet hat, "Windhauch" (chevel) ist. An ihm scheiden sich die Geister und die Ausleger. War er "nur" ein furchtbarer Realist, ein zynischer Zeitbeobachter der Jerusalemer

Oberschicht (Koh 1,1), oder war er ein zutiefst besorgter Lehrer einer besinnungslos dahinlebenden Jugend? Einer, der warnen wollte? Warnen, das Glück nicht zu verpassen. Ganz sicher war er kein Asket. Kein Weltflüchter. Kein Weltverachter.

Er war kritisch. Vor allem gegenüber griechischem Glücksdenken, das sich in seiner Zeit (nach Alexander dem Großen) epidemisch über den ganzen Vorderen Orient ausbreitete. Epikureer und Stoiker, die zeitgenössischen philosophischen Schulen, suchten und fanden das Glück allein im Menschen. Das sah der jüdische Weise anders. Ein Glück ohne Gott gibt es für ihn nicht. Glück ist nicht durch menschliche Kraftanstrengung zu erreichen. Es geht oft auf Kosten anderer. Die Ursache von so viel Elend. Glück ist Gabe Gottes: "Nicht im Menschen selbst gründet das Glück ... ich habe vielmehr beobachtet, dass dies aus der Hand Gottes stammt ..." (Koh 2,24)

Umso mehr aber gilt, dass Glück nicht Ergebnis menschlicher "Gemächte" ist: "Freu dich, junger Mann, in deiner Jugend, sei heiteren Herzens in deinen frühen Jahren ..." (Koh 11,9) Als Gabe Gottes kann der Mensch das Glück genießen. Er soll es. In den Tagen, da es ihm von Gott gereicht wird. Es dann zurückzuweisen wäre töricht und undankbar. Dass es andere Tage geben wird, weiß Kohelet nur zu gut: "... denn die jungen Jahre und das dunkle Haar sind Windhauch" (12,10b). Morgen ist die Jugend und ihr Glück vorbei - weil Gott es so bestimmt hat. Kohelet kennt nicht die wilde Auflehnung eines Hiob, das hartnäckige Fragen mancher Psalmen. Ist er dazu schon zu alt? Abgeklärt? Seine Gottesbeziehung ist nicht "Auge in Auge". Mit seinem Gott gibt es keinen Bund mit klaren, eindeutigen Bundesbedingungen. Gott ist Schöpfer. Der alles in der Hand hat. Und so bestimmt. Darin liegt das Vertrauen, das Kohelet von seinen Müttern und Vätern geerbt hat. Aber es ist ein Vertrauen ins Dunkel des unergründlichen Ratschlusses Gottes.

Es sind jüngere Leute, die hier die warnende Stimme des alten Lehrers hören. Er weiß um "die Jahre, von denen du sagst: Ich mag sie nicht!" (12,1b) Es sind Tage des Übels für Kohelet. Ein schönes Alter gibt es bei ihm nicht. Er sieht nur die Gebrechlichkeit, die er in erschreckend eindrucksvollen Bildern beschwört: Für das Auge verfinstern sich die Himmelslichter. Starke Männer krümmen sich. Die Zahl der Frauen an der Mühle wird geringer. Und es wird dunkel "bei denen [den Frauen], die durch das Fenster schauen" (Koh 12,3). Es ist das lange Dahinsiechen, das Kohelet erschreckt. Denn das Dunkeln der Augen geschieht langsam. Ein paradoxes Bild: Die Frau, die mit erloschenen Augen am Fenster sitzt - und nichts mehr sieht. Vielleicht noch Stimmen hört und unterscheiden kann. Wie lange noch?

Ein anderer Kontrast: Der Mandelbaum blüht, die Kaper platzt ... Das Leben regt sich neu. Doch das geschieht ohne den Menschen, der keinen Frühling mehr erlebt, keinen Schritt mehr gehen kann. Und all die Schönheit des Aufbruchs nicht mehr wahrnimmt. Bei ihm gibt es bald nur noch den letzten Aufbruch. Vom Fenster zum "ewigen Haus". Dann wird es eine leere Fensterhöhle geben. Und statt des Zwitscherns der Vögel sind die Stimmen der Trauernden auf den Gassen zu hören.

Der Mensch, selbst Staub, kehrt "zur Erde zurück als das, was er war", und "der Atem zu Gott ..., der ihn gegeben hat" (12,7). So bleibt für Kohelet nur wieder und wieder die Feststellung: "Windhauch (Chevel), Windhauch (Chavalim) ..., das ist alles Windhauch (Chevel)." (Koh 12,8)

Umso mehr gilt, das geschenkte Glück zu erfassen, wenn es von Gott dargereicht wird. "Auf, iss mit Freude dein Brot und trink glücklichen Herzens deinen Wein, denn das, was du tust, hat Gott längst so festgelegt, wie es ihm gefiel ..." (Koh 9,7)

Das tägliche Brot. Das tägliche Glas Wein. Das kann auch im Alter noch gut tun. Selbst wenn die Fenster des Leibes dunkler werden.

(Übersetzung der Zitate aus Kohelet nach Ludger Schwienhorst-Schönberger, dem der Verfasser auch wichtige Informationen verdankt.)

Der Tod ist durch unsere Fenster gestiegen

Der Tod ist durch unsre Fenster gestiegen, eingedrungen in unsre Paläste. Er rafft das Kind von der Straße weg, von den Plätzen die jungen Männer. (Jer 9,20)

Am Fenster stehen. Auf den Basar hinabsehen. Gesehen werden. Ein Bild aus besseren Zeiten. Doch damit ist es bald zu Ende. Die Zeitanalyse des Propheten fällt verheerend aus. Entgegen der offiziellen Leseart: Da ist viel Rühmen und Angeberei. Doch der Prophet warnt: "Der Weise rühme sich nicht seiner Weisheit, der Starke rühme sich nicht seiner Stärke, der Reiche rühme sich nicht seines Reichtums." (vgl. Jer 9,22) Denn er sieht sich umgeben von Lug und Trug. Erkennt, wie hohl diese Prahlerei ist. Wie leer die Sicherheit. Jerusalem ist ein Nest von Verleumdung geworden: "Nehmt euch in Acht vor eurem Nächsten, keiner traue seinem Bruder!" (Jer 9,3) So weit ist es gekommen. Gewohnheitslügner sind sie geworden. Das aber führt überall zur Unterdrückung. Sie kennen ihren Gott nicht mehr. Sie weigern sich, ihn anzuerkennen. Denn das würde Umkehr bedeuten. Dazu aber sind sie zu träge.

Was ist zu tun? Umkehr (hebräisch: T'schuva) wäre notwendig. Prophetenworte, kritische Einsprüche werden jedoch nicht mehr gehört. Jerusalem ist taub für die Weisungen Gottes geworden. Die Geschichten, die in Jerusalem erzählt werden, sind Lügengeschichten - ein altes Lied der offiziellen Nachrichten, der Staatspropaganda. Damals wie heute. Es war nie anders. Nirgends. Beruhigungsindustrie. Oder - auf den Feind hin – Dramatisierung, Dämonisierung.

Abhauen, weglaufen möchte Jeremia: "Hätte ich doch eine Herberge in der Wüste! Dann könnte ich mein Volk verlassen und von ihm weggehen." (Jer 9,1) Auf und davon. Selbst die Tiere: Von den Vögeln des Himmels bis zum Vieh, alles und alle sind auf der Flucht. Nur die Stadt wiegt sich in trügerischer Sicherheit. Das kann nicht gut gehen. Ist nicht gut gegangen. Ist zugrunde

gegangen. Warum? "Der Herr erwiderte: Weil sie meine Weisung aufgaben, die ich ihnen vorgelegt habe, nicht auf meine Stimme hörten und nicht meine Weisung befolgten, sondern dem Trieb ihres Herzens folgten und den Baalen nachliefen, an die ihre Väter sie gewöhnt hatten." (Jer 9,12)
Zwei Stimmen: die Stimme der Wahrheit, Treue, Rechtschaffenheit - und die andere des Triebes. Stumpf. Unsolidarisch. Raffgierig. Nur das Eigene im Blick. Ihr allein wird gehorcht. Die prophetische Stimme wird beseitigt.
Während sich die Gesellschaft der Betrüger weiter grölend auf Festen vergnügt, ruft der Prophet weise Frauen zusammen und legt ihnen ein Trauerlied in den Mund. Ein Klagelied. Weinen anstelle der heiteren Melodien und Gesänge: "Lehrt eure Töchter die Klage, eine lehre die andere das Totenlied." (Jer 9,19) Der Tod hat die Stadt erobert. Durch die Fenster ist er gestiegen wie ein feindliches Heer. Er hat auch nicht Halt gemacht vor den Palästen. Vor denen schon gar nicht. Sind doch die Häuser der Weisen, Mächtigen und Reichen geradezu eine Brutstätte der Korruption.
Wenn sie glaubten, sie könnten vor dem Tod die Türen, die großen, verschließen, sehen sie sich getäuscht. Der Tod macht vor nichts Halt. Dort, wo Frauen lustvoll auf das bunte Treiben in den Gassen hinunterblicken - wenn auch hinter Gittern -, dort genau ist jetzt der Einstieg für den Tod.
Hundertfünfzig Jahre nach Samaria, dem Nordreich, steht auch das Südreich Juda vor dem Untergang. Die Zeit der Feste und Sorglosigkeiten ist vorbei. Die Zeiten schwerer sozialer Ungerechtigkeit. Jetzt kriecht der Tod durch die Ritzen und Fensteröffnungen. Nicht erst seit Babylon vor den Toren Jerusalems steht, ist die Stadt in Gefahr. Dem äußeren Verfall geht der innere voraus. Längst hat diese Zerstörung, die Ungleichheit der Gesellschaft - der Baal, der Götze Macht, der Götze scheinbarer Stärke und Weisheit - durch alle Öffnungen die Herzen erfasst. In Israel, aber auch in Ägypten, Edom, Ammon, Moab und sogar bei den Bewohnern der Wüste ("alle mit gestutztem Haar").

Beschnitten, sind sie doch unbeschnitten: "auch das ganze Haus Israel hat ein unbeschnittenes Herz" (Jer 9,25). Die Folgen sind verheerend. Aber die Stimme des Propheten, die Stimme, die Gottes Weisung in Erinnerung bringt, wird als lästig empfunden. Mehr noch: Die prophetisch-störende Stimme wird zum Schweigen gebracht.

Noch aber stehen sie an den Fenstern und amüsieren sich über das bunte Gewimmel unter ihnen. Manche Frauen auch in der Hoffnung, der Blick eines Mannes werde an ihnen hängen bleiben. Eine antike Vergnügungsgesellschaft. Zum Tode verurteilt. Wenige Jahre später (586 v.Chr.) ist Jerusalem nur noch ein Trümmerhaufen, eine Behausung der Schakale (Jer 9,10). Und "das Käuzchen schreit laut im Fenster, der Rabe krächzt auf der Schwelle" (Zef 2,14) - so hat es ein Zeitgenosse des Jeremia, ein anderer Prophet, Zefanja gesehen, der an Ninive, die stolze Assyrerstadt denkt. Eine Stadt, die in dem Bewusstsein lebte: "Ich und sonst niemand!" (Zef 2,15) - ein gotteslästerlicher Ausspruch, und lächerlich. Die Warnung wurde nicht gehört. Das Licht in den Fenstern erlosch. Übrig blieben Fensterhöhlen. Und das Spottgekrächze der Raben. Ein Totenlied.

Es war ein langer Weg, bis ein Rest Israels aus Babylon zurückkehrte. Nach der Läuterung des Exils suchte er neu seine Zukunft beim Namen Gottes. Ein langer Weg der Umkehr, bis sich auch in Jerusalem wieder Fenster öffneten. Da konnten die Gebete der Heimgekehrten und Demütigen ungehindert aufsteigen zu Gott, der allein "Gnade, Recht und Gerechtigkeit schafft" (Jer 9,23). Eine Botschaft, die sich das heutige Israel ebenso einverleiben muss wie alle "unbeschnittenen Herzen", die die Zeichen der Zeit nicht verstehen wollen. Trotz prophetischer Stimmen, an denen es nicht und nirgendwo fehlt. Doch wer will sie hören?

Sie steigen durch die Fenster ein wie ein Dieb

Sie überfallen die Stadt, erstürmen die Mauern, klettern an den Häusern empor, steigen durch die Fenster ein wie ein Dieb. (Joel 2,9)

Nicht erst Alfred Hitchcock hat mit seinem Film "Die Vögel" die Bedrohung des Menschen durch die animalische Natur angsterregend ins Bild gesetzt. Die Erfahrung einer menschenfeindlichen Seite der Natur, die sich überall Zutritt verschafft, brachte eine eigene Literatur und Bildwelt hervor. Sie steigert zum Teil phantasievoll die Beschreibung des Grauenhaften: ständiger Versuch des Menschen, die Katastrophe literarisch zu verarbeiten, sie aber auch literarisch lustvoll aufzuwerten.
Die Bibel ist nicht frei von dieser "Lust". Teile biblischer Erzählungen ergehen sich in Bildern der Vernichtung. Auch und gerade wenn die Erfahrung Jahre zurückliegt und vom Erzähler "nur" weitertransportiert wird. Aus sorgenvollen Gründen, etwa um die Stadt zu warnen vor der kommenden Katastrophe, die hereinzubrechen droht. Eine politische Katastrophe. Eine religiöse. Aber das verbindet sich in der Schau der Propheten allzu oft zu einer Einheit: Menschengericht und Gottesgericht. Und manchmal verselbstständigen sich die Bilder dunkler Phantasie ins Ungeheuerliche und kosten das Furchtbare fast genüsslich aus. Die Höllenbilder späterer apokalyptischer Literatur kündigen sich lange vorher an. Traurige Erfahrung: Viele dieser Bilder hatten durchlittene Realität im Hintergrund. Da reichte oft die Sprache nicht aus, um die schrecklichen Erlebnisse von Exil, Flucht, Demütigungen, Folter und Tod "ins Wort" zu bringen.
Es waren nicht immer feindliche Heere (Ägypter, Assyrer, Babylonier ...), die die Welt des alten Israel zur Hölle machten. Oft waren es auch Naturkatastrophen, Trockenheiten, Erdbeben, die menschliche Geschichte verdunkelten und den Himmel einstürzen ließen. Dazu gehören "zehn Plagen", wie wir sie aus dem "Ägyptenzyklus" des Exodusbuches kennen. Eine davon be-

schwört der Prophet Joel: die Heuschrecken. Aber sie kommen nicht über Mizrajim (Ägypten). Jetzt sollen die Bewohner des Landes Israel aufhorchen. Es ihren Kindern erzählen und deren Kindern: "Was der Grashüpfer übrig ließ, hat die Wanderheuschrecke gefressen; was die Wanderheuschrecke übrig ließ, hat die Larve gefressen." (Joel 1,4f.; vgl. Ex 10,12-20) Ein furchtbares "Heer", ein gewaltiges, großes, nicht zu zählendes "Volk" - wie schon die verschiedenen Namen zeigen. "Der Prophet hätte ihre Namen noch um das Doppelte vermehren können, denn der biblische Sprachschatz hat für Heuschrecken neun bis zehn Benennungen." (Peter Schegg, Die kleinen Propheten, Regensburg, 1862)
Die Folge: verwüstete Weinstöcke, verstümmelte Feigenbäume, kahle Felder, vernichtetes Korn, versiegtes Öl. Alle Bäume sind verdorrt (vgl. Joel 1,12). Da sind nicht nur Bauern geschlagen und Winzer; da haben auch die Priester allen Grund zu trauern, denn vorbei ist es mit Speise- und Trankopfern. Die ganze Schöpfung, Pflanzen, Tiere, Menschen, leidet Not.
Für den Propheten ist dieses Szenario der untrügliche Vorbote für den Gerichtstag Gottes: "Denn der Tag des Herrn ist nahe, er kommt mit der Allgewalt des Allmächtigen." (Joel 1,15) Er will Lärm schlagen auf heiligem Berg. Allen Bewohnern des Landes will er es in die Ohren schreien: Der Tag des Herrn steht vor der Tür als furchtbarer Gerichtstag. Zur Umkehr will er aufrufen. Noch einmal hebt der Prophet an, beschwört ein zweites Mal die Heuschreckenplage, verbindet sie mit "dem Tag des Dunkels und der Finsternis" (Joel 2,2): Wie ein Kriegsvolk ziehen sie heran, "vor ihm ein Land wie der Garten Eden, hinter ihm schaurige Wüste - nichts kann ihnen entrinnen".
Geradezu lautmalend - auch in der deutschen Sprache - ist von "rasselnden Streitwagen" die Rede; sie springen über die Kuppen der Berge "wie eine prasselnde Feuerflamme, die die Stoppeln frisst, wie ein mächtiges Heer, gerüstet zur Schlacht" (Joel 2,5). Und so zieht dieses Heer unaufhaltsam seine Bahn, "mitten durch die Wurfspeere stürzen sie vor", endlos: "Sie überfallen die

Stadt, erstürmen die Mauern, klettern an den Häusern empor, steigen durch die Fenster (Mauerlücken?) ein wie ein Dieb." (Joel 2,9)

Groß werden diese Fenster an der Stadtmauer nicht gewesen sein, eher Löcher, Lücken, ein schmaler Ausguck oft. Aber für die Heuschreckenmassen sind sie kein Problem. Dieses Überall wird durch die Erwähnung der Fensterlücken noch verstärkt. Eine grauenhafte Vorstellung. Nirgendwo gibt es Schutz vor dieser Plage. Himmel und Erde zittern, Gestirne lassen ihren Schein. Über allem und durch alles hindurch kriechen sie, verdunkeln, fressen auf - Teil des Gerichtstages Gottes. Berechtigt die Frage: "Wer kann ihn ertragen?" (Joel 2,11)

Er wäre nicht zu ertragen, gäbe es nicht mitten in der Katastrophe immer noch die Möglichkeit der Umkehr. Allein dass noch die prophetische Stimme laut werden kann - ist sie nicht schon ein Zeichen der Barmherzigkeit Gottes? Von der Umkehr des Menschen ist die Rede, aber auch von der "Reue" Gottes ("dass er das Unheil verhängt hat"), von seiner Umkehr, von seinem Segen sogar. Ob diese göttliche Wirklichkeit nicht eher als sein Gericht durch die Mauerritzen und -lücken hereinsteigen will? Wenn ...

Der Prophet legt den Priestern ein Gebet in den Mund: "Hab Mitleid, Herr, mit deinem Volk, und überlass dein Erbe nicht der Schande, damit die Völker nicht über uns spotten." (Joel 2,17)

Worin besteht der Spott der Völker? In der einfachen Frage: "Wo ist denn ihr Gott?"

Die Frage sitzt! "Da erwachte im Herrn die Leidenschaft für sein Land, und er hatte Erbarmen mit seinem Volk." (Joel 2,18) In den folgenden Versen wird alles zurückgenommen, was zuvor vernichtend über das Land kam: Das Gras in der Steppe wird wieder grün, die Bäume tragen wieder Früchte, die Jahreszeiten kehren in ihrer geordneten Folge zurück. Und Gott ersetzt (!) die Ernten, "die von der Wanderheuschrecke und der Larve, vom Nager und vom Grashüpfer gefressen wurden, von meinem großen Heer, das ich gegen euch sandte" (Joel 2,25).

Am Ende steht Israel in der Erkenntnis des Herrn: Gott ist in seiner Mitte. "Mein Volk braucht sich nicht mehr zu schämen." Und durch alle Türen und Fenster weht ein neuer Wind. Der Gotteswind - Geist, der über alles Fleisch ausgegossen ist (vgl. Joel 3,1).

Befriedetes Licht

Unsere menschliche Geschichte

wird erst dann sichtbar, wenn wir

sie von innen heraus sehen.

Wehrlose Wahrheit

Das Fenster ist wehrlos. Es leistet keinen Widerstand. Wenn das Licht kommt, glüht das Fenster auf. Wenn das Licht geht, erlischt es.
Ähnlich ist es mit der Wahrheit: Sie leistet keinen Widerstand. Wahrheit kommt zu uns und ist uns anvertraut. Wir können vor der Wahrheit die Augen öffnen oder verschließen. Wir können wegsehen oder hinsehen.
So wie es viele Fenster gibt mit immer neuen Farben und Schattierungen, so zeigt sich uns auch die Wahrheit in immer neuem Licht.
Es gibt ein inneres Licht in uns, das bereit ist, uns den Weg in die Wahrheit zu weisen. Newman nennt es "freundliches Licht". Ein Mensch muss lernen, es in sich selbst zu entdecken, um sich dann langsam diesem Licht zu fügen. Das Licht lehrt uns, wie wir uns selbst und anderen damit am besten dienen können. Und wann. Dieses innere Licht macht uns freundlich klar, dass die Wahrheit nicht da ist, um zu herrschen, sondern um zu dienen. So wie das Fenster, das dem Licht seinen stillen Dienst erweist.
Petrarca denkt in seinem Buch "Mein Geheimnis" viel über die Wahrheit seines Lebens nach. Er tut das in der literarischen Gestalt des Augustinus. Sein Augustinus ist streng. Manchmal sogar unfreundlich. Er sagt viel mehr Wahrheit, als Petrarca im Augenblick gebrauchen kann. Er hat die Neigung, die Wahrheit und das Licht voneinander zu trennen. Vielleicht bemerkt er nicht einmal, dass Petrarca noch beim Ostfenster steht und er selbst, Augustinus, schon an der Westseite. Aber im ersten Kapitel seines Buches lässt Petraca eine schöne Frau eintreten. Sie setzt sich an einen Tisch. Sie ist anwesend. Sie hört alles, sie prüft alles. Aber sie sagt nichts. Sie hört zu. Sie übt ihren Einfluss auf die zwei aus, die miteinander sprechen. Aber sie lässt sie frei. Die Wahrheit verhält sich wie diese schöne Frau: Sie hört, prüft, nimmt Einfluss. Aber sie zwingt nicht.
Eine Diktatur der Wahrheit unter Menschen ist möglich. Es ist die Wahrheit, die vergessen hat, dass sie das Licht braucht.

Jesus sagt, dass der Geist uns zur vollen Wahrheit geleiten wird. Er wird uns selbst dort "einführen" (Joh 16,13) und so zur Zukunft führen. Der Geist ist inneres Licht. Er ist es, der das Licht ausbreitet, das in die Welt kam und jeden Menschen erleuchtet.

Er ist selbst das Licht. Anders als das Fenster können wir zu diesem Licht in Widerstand gehen. Und die Wahrheit verdunkelt, weil sie wehrlos ist.

Clair-obscur

Jedes Fenster hat seine Geschichte. Eine stille Geschichte. Wer die Geschichte sehen will, darf sie sehen. Aber sie kann nur von innen nach außen gesehen werden. Wer draußen bleibt, sieht von der Geschichte nur die Konstruktion, ihren Platz in der Mauer, den Staub und den Zahn der Zeit. Wer von innen sieht, sieht das alles auch, aber er sieht es im Licht der Geschichte. Im Licht, das das Fenster von anderswoher genommen hat. Die Geschichte wirkt gerade deshalb, weil das Fenster in seiner Stille durchzogen ist von Licht und Dunkel. Da sind keine Worte nötig.

Es muss nur Licht im Fenster zu wohnen beginnen, und die Geschichte ist da. Sie erzählt sich selbst durch die Gnade des Lichts. Sie wirkt ohne Worte, diese Bildergeschichte des Fensters. Sie stellt uns die Dinge vor Augen und hält sie gegen das Licht: unsere Hoffnung, unser Verlangen, unsere Angst, unser Leid, unseren Auszug, unser Sein hier auf der Erde (angedeutet durch einen einzigen Baum), den Kranz von Licht um unser Haupt (den wir von außen nicht sehen können), den Engel, der auf uns zukommt. Die Geschichte unseres Lebens. Das Fenster hält alles gegen das Licht. Das tut der Dunkelheit darin keinen Abbruch. Im Gegenteil, das Dunkle wird deutlicher sichtbar, je stärker das Licht ist. Auch die Beschädigungen werden im Zusammenhang mit dem Ganzen unseres Lebens noch deutlicher sichtbar.

Unsere menschliche Geschichte wird erst dann sichtbar, wenn wir sie von innen heraus sehen.Wer an der Außenseite bleibt, wird sie niemals wirklich sehen, geschweige denn verstehen. Und das Wort wird erst dann wirklich in seinem eigentlichen Sinn lesbar, wenn ein anderes Licht darauf fällt, ein höheres Licht.

Das Fenster zeigt uns, wie wir unser Leben gegen das Licht halten müssen, um die wahren Konturen sehen zu lernen. Alles, was unser Eigenes ist, alles, was uns überkommt und alles, was uns geschenkt wird, ruft nach einem höheren Licht. Jesus sagt: "Ich bin das Licht" (Joh 8,12), und der Johannesbrief: "Wenn wir aber im Licht leben, wie er im Licht ist, haben wir Gemeinschaft miteinander ..." (1 Joh 1,7)

Wir können auch "blind" sein für das Fenster. Dann ist es nicht mehr als ein blindes Fenster, nicht mehr als ein Fleck in der Mauer, der kaum auffällt. Es dringt kein Licht für uns hindurch, nicht von außen und nicht von innen. Wenn wir blind sind, sind wir meist auf etwas anderes ausgerichtet, durch etwas besetzt oder davon geradezu besessen. Das bleiverglaste Fenster bleibt mit seinen Farben und seiner Geschichte: als eine Möglichkeit.
Das Licht kann sich so ungestüm aufdrängen, dass es uns "trifft". Oder war in uns doch noch eine unbemerkte Empfänglichkeit trotz der vielen Dinge, in denen wir aufgingen? Oder kam einer, der uns sagte: "Da ist ein Fenster"?
Es ist ein Trost, zu erfahren, dass wir uns nie ganz der Wirkung des Lichtes entziehen können. Dies ist die Erfahrung von jemandem, der versuchte, dieser Wirkung zu entgehen:
"Steige ich hinauf in den Himmel, so bist du dort; bette ich mich in der Unterwelt, bist du zugegen. Nehme ich die Flügel des Morgenrots und lasse mich nieder am äußersten Meer, auch dort wird deine Hand mich ergreifen und deine Rechte mich fassen. Würde ich sagen: "Finsternis soll mich bedecken, statt Licht soll Nacht mich umgeben", auch die Finsternis wäre für dich nicht finster, die Nacht würde leuchten wie der Tag, die Finsternis wäre wie Licht." (Ps 139,8-12)
Das bleiverglaste Fenster sagt uns in seiner stillen, manchmal nicht bemerkten Anwesenheit: Ganz und gar dunkel werden kannst du nicht. Das Licht scheint auch in die Welt, wenn die Finsternis es nicht aufnimmt. Die Finsternis kann es nicht löschen.
Das ist ein großer Trost. In den Stunden unserer Dunkelheit dringt dieser Trost nicht zu uns durch, aber später, wenn wir wieder zu uns kommen, tröstet das Licht unser Herz und weckt in uns das Vertrauen. Das Licht gibt uns nicht auf.

Barmherzigkeit und Ordnung

Auch wenn das Licht am hellsten ist, erleuchten die Fenster nicht den ganzen Raum gleichmäßig. Sie werden eines nach dem anderen durchstrahlt. Sie machen den verborgenen Weg sichtbar, der durch die Kathedrale geht: Lebensweg und Glaubensweg und Leidensweg und Sonnenweg, Prozessionsweg und Pilgerweg und heiliger Weg. Es sind Wege, die uns leiten können. Aber viel bleibt auch im Halbdunkel. So behalten auch wir dunkle Ecken bei all dem Licht, das in uns fällt. Selbst wenn die Fenster den ganzen Raum erleuchten würden, würden wir ihn dennoch nicht mit einem Blick in Augenschein nehmen können. Das kann nur "das Licht, das alle Menschen erhellt".
In der Ordnung des Geschaffenen verbirgt sich eine große Barmherzigkeit. Demgegenüber steht "unbarmherziges Licht", ein Licht, das alles enthüllen und nichts verborgen lassen will, während es doch nicht in der Lage ist, uns zu bergen. Es kann uns nur enthüllen, nicht behüten. Das ist das Licht eines Verstandes, der alles zu durchschauen versucht und uns dann zurücklässt: demaskiert, nackt, allen Schutzes und aller Zuflucht beraubt, die von unserem persönlichen Geheimnis ausgeht. Es ist ein Licht, das tötet. Ein Laserstrahl, der nichts verschont. Es ist kalt und anspruchsvoll: Es kennt seine eigenen Grenzen und seinen Ursprung nicht.
So ist das barmherzige Licht der Fenster nicht. In ihm offenbart sich die Ordnung des Geschaffenen, die sagt: Du kommst nach dem Ursprung, nicht vorher. Du bist nicht selbst der Ursprung. Du kommst aus einem Geheimnis, das du nicht begreifst, aber das dich umfasst. Darin lebst du, bewegst du dich, bist du. Wenn du diese Ordnung umdrehst, vernichtest du dich selbst!
Das durchleuchtete Glas des Fensters vermittelt zwischen Licht und Geheimnis. Es ist weder das Licht noch das Geheimnis. Es will es auch nicht sein. Es weiß sich in Blei gefasst und getragen von der Mauer. Und es weiß sich abhängig vom Umlauf des Lichtes und von der Dämmerung in der Kathedrale.
So auch alles Geschaffene, jedes Geschöpf auf seine Weise: Es gibt Zeugnis vom Licht des Ursprungs. Es ist aber nicht das Licht selbst.

Blicken und Sehen

Das Fenster fordert dazu auf, es zu sehen.
Es ist etwas Merkwürdiges an seiner Bitte. Wenn du nur einen Blick auf das Fenster wirfst, gibt es sein Geheimnis nicht preis. Auch wenn du in die Kathedrale hineingegangen bist, kannst du noch "draußen" bleiben. Du siehst die Fenster. Sie sind "schön" oder "weniger geglückt", "interessant" oder "originell", "modern" oder "traditionell". Aber darum geht es nicht. Weder bei den bleiverglasten Fenstern noch bei dir selbst oder bei deinen Mitmenschen oder bei den Dingen. Du kannst die Fenster erst dann zu sehen beginnen, wenn sie selbst in dir ein neues Sehen wecken.
Das ist so bei allen Dingen von Wert. Man kann sie erst dann wirklich sehen, wenn man sie aus dem Wert heraus sieht, den sie darstellen, wenn man ihnen wahrhaftig gegenübertritt. Alles kann "beguckt" werden und alles kann "gesehen" werden, in seinem eigenen Licht. Als Abram in das Land der Kanaaniter zurückkehrt und sein Zelt bei der Eiche von Mamre aufschlägt, lässt Gott sich sehen. Eigentlich steht wörtlich da: "Gott wurde gesehen mit dem Auge auf Abram." Gott ist nicht zu "begucken". Nur der kann ihn sehen, der von Gott selbst zu einem anderen Sehen geführt wird.
Nur in diesem Sehen geben sich die Dinge zu erkennen. Nur in Seinem Licht werden wir erst wirklich zu Sehenden, die das Unsichtbare sehen.

Ein junger Mann ... saß am offenen Fenster

Ein junger Mann namens Eutychus saß am offenen Fenster und sank, als die Predigt des Paulus sich länger hinzog, in tiefen Schlaf. Und er fiel im Schlaf aus dem dritten Stock hinunter; als man ihn aufhob, war er tot. (Apg 20,9)

Von einer Sieben-Minuten-Predigt, wie sie moderne Homiletik empfiehlt, wusste Paulus noch nichts. Er hatte viel zu sagen und fand deshalb kein Ende. Zumal in einer Abschiedssituation. Er merkte nicht, dass die Luft im Obergemach schlecht geworden war. Die versammelte Gemeinde und "viele Lampen" hatten den Sauerstoff verbraucht. Kein Wunder, dass da mancher ans Fenster trat, um frische Luft zu schöpfen. Oder ein Nickerchen zu halten.

Aber daraus kann mehr werden: "Ein junger Mann namens Eutychus saß am offenen Fenster und sank, als die Predigt des Paulus sich länger hinzog, in tiefen Schlaf. Und er fiel im Schlaf aus dem dritten Stock hinunter; als man ihn aufhob, war er tot." (Apg 20,9) Zur Strafe? Lukas, der Erzähler, hat wie so oft eine Miniatur geschaffen, die trotz des Ernstes sehr kunstvoll auch Komik aufblitzen lässt. Ein sehr typischer Zug bei ihm, der vor allem in der Apostelgeschichte aufscheint. Da sitzen etwa Paulus und Silas in Philippi im Gefängnis: "Um Mitternacht beteten Paulus und Silas und sangen Loblieder ... Plötzlich begann ein gewaltiges Erdbeben, sodass die Grundmauern des Gefängnisses wankten. Mit einem Schlag sprangen die Türen auf, und allen fielen die Fesseln ab ..." (Apg 16,25f.) Auf diese Art und Weise stellt Lukas Zusammenhänge her, die meist einen untergründigen Spott auf Mächtige zeigen; der Spott der Prophetin Mirjam klingt nach (vgl. Ex 15,20f.).

Nicht ganz frei davon ist auch die Erzählung vom Abschiedsbesuch des Paulus in Troas. Paulus hat mit seiner jüdischen (!) Begleitung in Philippi die Tage der Ungesäuerten Brote (Pessach) gefeiert. Unbeschnittene sind schon nach Troas vorausgefahren.

Fünf Tage später folgt Paulus, in seiner Begleitung ein "Wir"-Erzähler: "... und kamen in fünf Tagen zu ihnen nach Troas, wo wir uns sieben Tage aufhielten." (Apg 20,6) Am ersten Wochentag versammelt sich die Gemeinde zum Brotbrechen. Paulus, der am folgenden Tag abreisen will, dehnt seine Rede bis Mitternacht aus. Er scheint dabei immer wacher geworden zu sein, seine Zuhörer hingegen immer erschöpfter. Eine hintergründige Kritik an einem Prediger, der keine Rücksicht auf seine Zuhörer/innen nimmt. Der Erzähler nutzt die Gelegenheit. Er verwandelt die Katastrophe des tödlichen Fenstersturzes eines jungen Mannes in eine Auferstehungsgeschichte.
Es ist die Zeit zwischen Pessach (Ostern) und Shavuot (Pfingsten) – ursprünglich eine fröhliche Erntezeit. Gegen die vielen Todesgeschichten, gegen die Resignation erzählt sich das jüdische Volk im Auszug aus Ägypten und in der Gabe der Thora die Geschichte vom immer neu durch Gott geretteten Leben. Und das nicht nur in der einmaligen Befreiung aus der Sklaverei Ägyptens (oder später Babylons). In den Prophetenerzählungen des Elija und Elischa wird diese kollektive Erfahrung auch individualisiert. Beide Propheten werden mit Totenerweckungen in Verbindung gebracht. Sowohl Elija (1 Kön 17,17-24) als auch Elischa (2 Kön 4,18-37) strecken sich über ein totes Kind aus und erbitten von Gott sein Leben zurück. So können die Propheten die Jungen schließlich ihren Müttern zurückgeben. Schon in seinem Evangelium hatte Lukas eine deutliche Parallelgeschichte von Jesus erzählt: die Erweckung des Jungen von Nain (Lk 7,11-17). Auch geographisch liegt Nain nahe bei Schunem – beide Orte liegen am Rand der Jesre'el-Ebene (vgl. 2 Kön 4,8). Es sind Mutter-Sohn-Geschichten, die bei den Propheten erzählt werden. Ablösungsbilder auch, die ein selbstständiges Lebensrecht des Kindes einfordern. Und Propheten verhelfen zu diesem neuen Leben im Übergang von der Kindheit zum Erwachsensein. Auferstehung mitten im Leben!
Paulus wird in dieser prophetischen Tradition ebenfalls als Lebensretter dargestellt. Hatte er etwa vor dem Hintergrund des

Elija-Elischa-Zyklus über Jesus gepredigt? Der Verfasser der Apostelgeschichte kennt die Bezugsstellen jedenfalls. Das wäre in der Tat Stoff für eine ganze Nacht gewesen. Denn viel kann in einer abendlichen Thoraschule bis Mitternacht "ausgehend von Mose und allen Propheten" (Lk 24,27) erzählt werden.

Der Fenstersturz bildet eine Zäsur. Paulus unterbricht seine Rede, "stieg hinab, warf sich über ihn, umfasste ihn und sprach: Beunruhigt euch nicht!" (Apg 20,10) Eine Osterbotschaft also "am ersten Tag der Woche". Ohne sich weiter um Eutychus zu kümmern - für Paulus ist mit der Feststellung des Lebens die Todesmacht gebrochen -, steigt Paulus wieder ins Obergemach, "brach das Brot und aß und redete mit ihnen bis zum Morgengrauen" (Apg 20,11)

Diese Stelle ruft Jehu wieder in Erinnerung, der in aller Ruhe isst und trinkt, während draußen im Hof Isebel, aus dem Fenster gestürzt, liegt und verblutet (2 Kön 9,33f.). Wahrhaftig ein Totenmahl. Über dieser Erzählung liegt der Leichengeruch. Die Paulusgeschichte lässt ihn erst gar nicht aufkommen. Eine Kontrastgeschichte.

Das wunderbare, lebendige Geschehen bettet Lukas in einen Gottesdienst. Unschwer erkennen wir die Grundstruktur von Wort- und Mahlfeier, auch das eine lukanische Eigenart, wie die Emmaus-Geschichte zeigt (vgl. Lk 24,13-35). Eine Lebensfeier in der Stunde, da die Macht der Nacht gebrochen wird und der neue Tag beginnt! Und mitten in der Feier zwischen Wort und Mahl das Wunder unzerstörbaren Lebens. Für diesen Inhalt der liturgischen Feier sollen uns die Augen geöffnet werden.

Eutychus hat "Glück" gehabt – die Bedeutung seines Namens. Und die Gemeinde hat ein lebendiges Zeichen erfahren. Der tiefe Fall aus dem Fenster eines Hochhauses in den dunklen Hof – zunächst ein Unglück - wird zum Glücks-Fall für die kleine Gemeinde und den Geretteten, die dadurch erleben dürfen, wozu sie gerufen sind: zum Glaubenszeugnis für das Leben, das sie "am ersten Tag der Woche" feiern. Insofern mag sich die junge Gemeinde, müde geworden, in tiefem Schlaf versunken und trotz

- oder wegen - der langen Rede schließlich abgestürzt, neu aufraffen und ihren Weg weitergehen.
Den Abgestürzten aber führen sie lebend herein: "Und sie wurden in hohem Maße getröstet." (Apg 20,12) Paulus, der alte Mann, geht. Es ist sein endgültiger Abschied. Hereingeführt wird der "Auferstandene". Der junge Mann, heraufgeholt aus dem dunklen Hof, der ihm fast zum Grab geworden wäre. Tatsächlich: ein Glücks-Fall.

Epilog: Das Fenster

In der Kathedrale gab es ein berühmtes Fenster. Es war sehr alt und reich an Farben. In seinen Farben und Formen wurde eine biblische Geschichte erzählt, eine Geschichte aus der langen Geschichte des Volkes Gottes. Die Menschen wussten ungefähr, wann es entstanden war. Aber wer es gemacht hatte, hatte jedermann vergessen.

Eines Tages, morgens in der Frühe, kam ein Fremder auf den Domplatz. Er wollte gerne das Fenster sehen. Auf dem Platz, der die Kathedrale umgab, stand eine alte Frau.

Er sagte: Ich würde gern das berühmte Fenster sehen.

Sie: Das kann ich verstehen. Denn dort ist deine eigene Geschichte abgebildet. Und sie wies mit dem Finger in die Richtung des Fensters.

Er ging zum Fenster und schaute nach. Er sah das Glas, das Blei und auch etwas von den Formen, die von außen zu sehen waren. Aber es war sehr undeutlich. Das Fenster war im Laufe der Jahre durch die Jahreszeiten, die an ihm vorbeigegangen waren, schmutzig geworden.

Er ging zurück zu der Frau und sagte: Meine Geschichte? Das Fenster scheint mir ein Durcheinander. Und es ist schmutzig. Ich kann nichts davon verstehen und auch nicht hindurchschauen.

Sie sagte: Du musst hineingehen. Sonst kannst du es nicht sehen. Komm, ich gehe mit. Und sie ging mit ihm bis zum Eingang der Kirche. Von dort ließ sie ihn allein weitergehen.

Als er in den dunklen Raum kam, ging er zum Fenster und schaute es an. Und siehe, es waren Farben und Formen; und es war Licht, das in dem Fenster wohnte. Und durch das Licht wurde das Fenster hell und strahlend. Und er sah die Geschichte, die strahlend im Fenster stand. Und er war sehr verwundert. Das Fenster war da. Ganz still. Nur ein Fenster.

Am Morgen war der Mann in die Kathedrale hineingegangen, früh am Morgen. Im Morgenlicht sah er seine Lebensgeschichte. Als der Mittag kam, war er noch immer in der Kathedrale.

Helles Mittagslicht fiel durch das Fenster und machte es lebendig.

Was leuchtend darin war, wurde noch leuchtender, und das Dunkel wurde noch dunkler. Die Bleistreifen waren ganz schwarz. Man konnte genau sehen, wo sie das Glas festhielten und das Licht und die Farben.

Gegenlicht, dachte er. Ja, er sah seine Lebensgeschichte im Gegenlicht.

So wurde es Abend, und noch immer war er da. Aber er fühlte sich nicht mehr als Fremdling. Nun wurde das Licht edel und sanft. Es war Horizontlicht, westliches Licht von ganz fern.

Gerade bei diesem Licht vermengten sich die Farben im Fenster. Es entstand darin eine neue Harmonie. Er schaute andächtig darauf und sah seine Lebensgeschichte in diesem letzten Licht.

Er dachte: Es ist wirklich ein kostbares Fenster. Es ist Licht vom Licht. Und das lebt in der Geschichte meines Lebens. Dann ging die Sonne unter. Das Licht verschwand.

Nun wusste der Mann: Ohne dieses Licht ist das Fenster tot. Und meine Geschichte auch. Er blieb noch einen Moment in der Kathedrale. Dann ging er hinaus. Und siehe da, bei der großen Tür stand die alte Frau.

Sie lächelte: Und ...?

Er: Du hattest Recht. Ich musste das Fenster von innen sehen.

Und dann wie zu sich selbst, unerwartet: Darf ich dich etwas fragen?

Sie: Sicher, unter einer Vorbedingung: Darf ich dich auch noch etwas fragen?

Er: Das darfst du. Aber sag mir: Wie ist dein Name?

Sie schaute ihn lächelnd an und sagte: Hast du das noch nicht begriffen? Dann musst du noch einmal zurückkommen und noch einmal eine Zeit bei deinem Fenster bleiben.

Dann, nach einem Augenblick, fuhr sie fort: Und nun meine Frage. Sie ist nicht nur an dich gerichtet. Sie ist jedem gestellt, der diese Geschichte hört.

Er: Und wie lautet deine Frage?

Die Frau: Welche Geschichte sahst du in dem Fenster?

Und sie verschwand.

Bibelstellenregister

Literaturhinweise

Zeitschriften

Ferment 1/2004 "Fenster ins Leben"
Bestelladresse Deutschland:
Versandbuchhandlung Katholisches Bibelwerk, Postfach 150463, 70076 Stuttgart

wort auf dem weg: Die Zeitschrift zur biblisch-christlichen Orientierung,
Bestelladresse Österreich:
Verlag die Quelle, Bahnhofstr. 25, A 6800 Feldkirch

Quellenhinweis

Biblische Texte
Aus: Einheitsübersetzung der Heiligen Schrift, Katholisches Bibelwerk, Stuttgart 1980

Das Autorenteam

Herman-Frans Andriessen
Dr. Psych., geb. 1927 in Utrecht, Studium der Theologie und Philosophie in Nijmegen, Studium der Pastoralen Psychologie an verschiedenen Universitäten, 1953 Priesterweihe; Supervisorische und Pastoral-therapeutische Tätigkeit in eigener Praxis, seit 1992 emeritiert.

Wilhelm Bruners
Dr. theol., geb. 1940 in Meschede, Studium der Theologie in Bonn, München, Wien und Aachen, 1967 Priesterweihe in Aachen; danach zwölf Jahre im Gemeindedienst in Krefeld und Mönchengladbach; 1979 – 1986 Dozent am Theologisch-Pastoralen-Institut in Mainz.
Wilhelm Bruners lebt seit 1987 in Jerusalem und leitet seit 1992 die Bibelpastorale Arbeitsstelle des katholischen Bibelwerks Österreichs in Jerusalem.

Waltraud Grießer
Geboren 1940 in Mönchengladbach, Lehramtsstudium in Aachen - Kunst bei Prof. Benno Werth, danach im Schuldienst, ab 1969 als Fachleiterin für Kunst am Studienseminar in Mönchengladbach, seit 2001 freischaffend.

Informationen zur KlensVerlag GmbH

Die KlensVerlag GmbH – als Verlag der Katholischen Frauengemeinschaft Deutschlands (kfd) – hat die Zielsetzung, Medien (Bücher, Zeitschriften u.a.) zu produzieren, die vom Inhalt her im Einklang mit den Zielen und Aufgaben der kfd liegen.
Diese bestehen darin, auf der Grundlage des christlichen Menschen- und Weltbildes, Frauen in ihren persönlichen Anliegen und in ihrer konkreten Frauenarbeit zu unterstützen.
Dazu gehören vor allem Hilfen zur Gestaltung selbstbestimmten Lebens und zu Partnerschaft und Teamarbeit in allen Lebens- und Arbeitsbereichen, sowie die Förderung politischer Verantwortung und politischen Engagements.
Die Vertiefung persönlichen Glaubens, engagierte Mitarbeit in der Kirche und ökumenische Zusammenarbeit sind wichtige Aufgaben. Außerdem die Entwicklung und Förderung von Frauenspiritualität.

KlensVerlag GmbH
Verlag der Katholischen Frauengemeinschaft Deutschlands (kfd)
Carl-Mosterts-Platz 1
40477 Düsseldorf

Tel 0211/944 794 20
Fax 0211/944 794 30
eMail Info@KlensVerlag.de